河合塾
SERIES

大学入試英語
「トピック力」
養成講座

標準編

共通テスト・中堅私大レベル

30 Typical Topics from University Entrance Exams

Humans

Society

Nature

増見誠一・佐藤進二・
John McLaren・Mary McLaren　共編著

河合出版

はじめに　〜〈トピック力〉で差をつけよう〜

▌〈トピック力〉って何？

　ある日，あなたが電車に乗っていると，外国人の 2 人連れの話し声が漏れ聞こえてきました。どうやら英語のようで，聞き取れたのはこんな単語だけ。

"... love ... break ... fifteen ..."

　「知っている言葉ばかりだけど，何の話だろう？　失恋の話かな？」と思っていたら，次に聞こえてきた単語は——"... serve ... racket ..."。

　テニスを知っている人なら，ここでピンときたことでしょう。単語の並びで，試合のシーンまで思い浮かんだかもしれません（分からない人は調べてみてください）。

　スポーツ，ファッション，映画，歴史……日常生活の中で，自分の好きな分野の言葉が断片的に見えたり聞こえたりしただけで興味を引かれ，内容もすいすい頭に入ってきたという経験は誰にでもあるはず。それは，あなたがその分野の〈トピック力〉を持っているからです。**ある話題について「ピンとくる」。それが〈トピック力〉**です。

▌単語力とは違う？

　「それって，単語をたくさん知っているということでは？」——いいえ，違います。

　例えば「love とはテニス用語で『0 点』のことである」と暗記していても，テニスのことを何も知らなければ，その意味を本当に理解しているとはいえません。

　逆に，〈トピック力〉が単語力の不足を補ってくれることもあります。

Oda Nobunaga was assassinated by Akechi Mitsuhide in 1582.

　あなたに歴史の〈トピック力〉があれば，上の文の assassinate が「殺す，暗殺する」の意味だと推測できるでしょう。さらに，どちらがどちらを殺したかという関係も，「受動態」という文法を思い浮かべるまでもなく理解できるはずです。

　もちろん，英語を使いこなすには単語や文法の正しい知識が必須ですが，表現される内容についての背景知識やイメージも，英語の運用にはとても役立ちます。つまり**〈トピック力〉は，単語力・文法力と表裏一体で〈英語力〉を支えてくれる大きな柱**といえます。

　「でも，トピックは数えきれないほどあるんだから，すべてを学ぶなんて無理！」——確かに，あらゆるトピックを知ろうというのは非現実的です。

　しかし，運動神経のいい人は新しいスポーツでも上達が早い。旅慣れた人は知らない土地でも自信を持って歩ける。それと同様に，主要なトピックに多く触れておけば，**初めて触れるトピックの理解にも勘が働く，いわば〈応用的なトピック力〉**が養われるのです。

▌ どんな役に立つ？

　本書の目的は，簡単にいえば「**入試に出てくる話題を幅広く知っておこう**」ということです。では，それがどんな役に立つのでしょうか。

１．英文を読むスピードがアップ！

最近の入試英語はますます長文化しており，じっくり読んでいる余裕はなかなかありません。でも，トピックになじみがあれば，分からない単語や表現などの細部は推測で補い，要点を押さえながら長い文章をどんどん読み進むことができます。

２．内容理解の精度がアップ！

細部でつまずくことなく要点が捉えられれば，「直訳はできるけど全体の意味が分からない」といったことも減ります。また内容一致問題では，トピックの「常識」から選択肢を絞れる場合もありますから，実戦的な得点力にもつながります。

３．リスニングやライティング・スピーキングの力もアップ！

最初に挙げた例からも分かるように，言葉を耳で聞くリスニングでも〈トピック力〉は大きな助けになります。また，社会問題などについて問われることの多いライティングやスピーキングのテストでは，むしろ不可欠な基礎力です。そもそも，なじみのないトピックなんて日本語でも理解しにくいし，うまく話せないでしょう？

▌ どうやって身につける？

　今回の企画に当たっては，過去の大学入試長文や英作文問題を2,000題以上分析し，みなさんにぜひ触れておいてほしいトピックを「標準編」「発展編」それぞれ30ずつ取り上げました。この「**標準編**」は，**大学入学共通テストや中堅私大レベル**を想定して編集してあります。そして，それぞれのトピックに習熟できるよう，リーディング・リスニング・ライティングなど多面的なトレーニングを設定しました。

　ただし，本書は普通の問題集や参考書と違って，必ずしも前から順番にやる必要はありません。興味のあるトピックから始めるのでも大丈夫。なんなら最初はパラパラと日本語だけ拾い読みしてもいいでしょう。**無理をせず，自分のペースで，主要なトピックに繰り返し触れる**ことで，〈トピック力〉は自然と身についていきます。

　さらに本書を学び終えたら，次は長文問題集や志望校の過去問などにチャレンジしてください。そうすれば，本書で培った〈トピック力〉が役立つことを実感できるでしょう。**単語の丸暗記や機械的な文法トレーニングとは大きな差がつく勉強法**で，大学入試だけではなく社会に出てからも強力な武器になる**本当の英語力・思考力の基礎**を，みなさんが身につけてくださることを心から願っています。

編著者一同

もくじ／本書の構成

本書では，「標準編」のレベルに配慮しつつ，昔も今も変わらない王道のテーマから最新の話題まで，基本的な30のトピックを，3つのパート／10のジャンルに分けてバランスよく取り上げました。

3つのパートは「人間」「社会」「自然」です。これらが分かちがたく相互に影響し合い

ながら成り立っているのがこの世界。そのただ中で生きている「自分」の立ち位置を常に頭の片隅で意識しつつ，本書の学習を進めてください。

　本書の構成は，受験勉強にとどまらず，あなたがこれから長い人生を生きていく際の「思考の枠組み」としても役立つはずです。

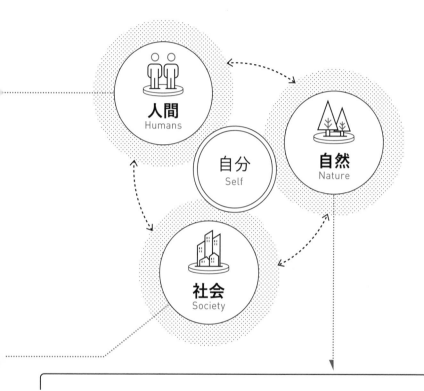

本書の使い方

本書の各トピックは 4 ページ単位で構成されています。次のような流れで，1 つのトピックを多面的に学んでいってください。

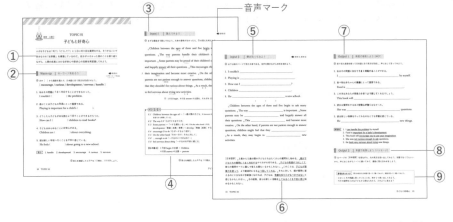

① 導入文：トピックに関する問いかけや予備的な情報を含んでいますので，ここからが本文だと思ってしっかり読んでください。

② Warm-up：トピックに関わるキーワードを学んで，パッセージを読むための準備運動を行います。何度も聞き，音読して例文ごと覚えてしまえば，英作文にも役立ちます。

③ Input 1　読んでみよう：90 語程度のパッセージでトピックの典型的な内容を学びます。内容理解に集中できるよう，語句の下には適宜，日本語訳を添えました。また，Warm-up のキーワードの下は空欄 [　　] にしてあるので，意味が言えるか確認しましょう。Q として，内容理解を確認するための問題もつけました。

④ ポイント：重要事項や難しい部分の解説で，英文の理解を確実にしてください。

⑤ Input 2　聞き取ってみよう：英文を音で聞き，書き取ることで体に覚え込ませるディクテーションの練習です。内容が自然と頭に流れ込んでくるまで，繰り返し聞きましょう。

⑥ 日本語訳：パッセージの日本語訳です。上の Input 2 の空所に当たる部分に下線が引いてあるので，下線部を見ながら英語を思い出すという練習もしてみてください。

⑦ Output 1　英語で表現しよう [単文]：Warm-up やパッセージで学んだ語句・表現を使って，トピックに関わる英文を完成する練習です。

※解答例はそのトピックで学んだ語句・表現を使って示し，原則として別解は示していません。

⑧ Output 2　英語で表現しよう [パッセージ]：前ページの日本語訳を見ながら，元のパッセージ全体を「復元」してみる練習です。完璧である必要はありません。漠然とした理解にとどめず，自分で表現してみようと努力することで，トピック力が確実に定着します。まとまった内容を表現する訓練は，自由英作文の力にもつながります。

6

⑨**思考力チャレンジ**：トピックに関わる質問で思考力を鍛えます。あえて「正解のない問い」とした部分も多いので，思いつく答えをいくつでも考えてみてください。「思考」することによって，トピックへの理解は確実に深まります。最初は日本語で書いてみるだけでもOK。できれば英語で表現することにも挑戦してみましょう。

音声マーク 🔊：マークの右側のS01-1などが音声ファイル番号に当たります。

[PICK UP]（→22ページなど）

本文以外のトピックなどを，出題大学名つきで紹介しています。長文問題の日本語による要約・抜粋と自由英作文で，トピック力の幅を広げてください。

※日本語の要約に添えた英語のキーワードは，原出題で使われているままの形で引用してあります。

※本書の目的は「トピック力」「思考力」なので，英作文出題例の模範解答はあえて示しません。日本語でよいので自由に考えてみてください。

[キーワードレビュー]（→154ページ）

各トピックの**Warm-up**で取り上げたキーワードを例文の形でリストにしました。英語を見て意味を考えたり，日本語から英語を言ったりする練習に使ってください。

※本書掲載のパッセージのうち，下記のものは過去の大学入試センター試験および大学入学共通テスト試行調査から取っています（一部抜粋を含む）。それ以外はすべてネイティブのライターによる書き下ろしです。
Topic 01〜04, 06, 09〜11, 14〜16, 21, 26〜29　　[Topic 03は共通テスト試行調査]

● **音声ダウンロードの方法** ●

パソコンから下記のURLにアクセスし，該当する書名をクリックしてください。

http://www.kawai-publishing.jp/onsei/01/index.html

※ホームページより直接スマートフォンへのダウンロードはできません。パソコンにダウンロードしていただいた上で，スマートフォンへお取り込みいただきますよう，お願いいたします。

- ファイルは ZIP 形式で圧縮されていますので，解凍ソフトが必要です。
- ファイルは，MP3 形式の音声です。再生するには，Windows Media Player や iTunes などの再生ソフトが必要です。
- S01-1〜S30-2 の全60ファイル構成となっています。
- 掲載されている音声ファイルのデータは著作権法で保護されています。データを使用できるのは，ダウンロードした本人が私的に使用する場合に限られます。
- 本データあるいはそれを加工したものを譲渡・販売することはできません。

お客様のパソコンやネット環境により，音声を再生できない場合，当社は責任を負いかねます。ご理解とご了承をいただきますよう，お願いいたします。

Part 1

人間を深く知る
Humans

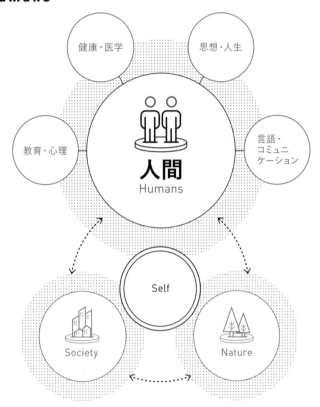

最初のパートでフィーチャーするのは「人間」。
私たち1人ひとりの「心」や「体」，そして「生き方」に関わるさまざまなトピックを取り上げた。
どれも自分に引きつけながら考えることのできる，身近なテーマばかり。
まずは肩の力を抜いて，入試トピックの世界に足を踏み入れてみよう。

○ 教育・心理
01 子どもと好奇心 / 02 新しい学びの形 / 03 読書と学力

大学は教育機関だから，教育や，発達・学習に関する心理学の話題は入試でもよく出題される。冒頭で取り上げたトピックは「好奇心」。何にでも興味を持ち，自ら学び取っていく力だ。**入試トピックをきっかけに好奇心を発動し，「知る楽しみ」に気づいてほしい**というのが，本書の裏テーマでもある。

○ 健康・医学
04 睡眠の重要性 / 05 ペットセラピー / 06 アレルギーの原因

健康とは単に「病気でないこと」ではなく，より積極的に「心身ともに健全な状態」「よりよく生きられること」を意味する。そうした現代の健康観を反映して，入試ではストレスや孤独・不安などメンタルに関わるトピックも増えている。**「理系」「文系」にとらわれない思考**が求められる分野でもある。

○ 思想・人生
07 人生における成功 / 08 「事実」と「知識」 / 09 問題解決の方法

人は誰でも幸せになりたい。自分の夢をかなえたい。そのためには，直面する課題をどのように整理して考え，解決していけばよいか──。自分の経験を踏まえて，人生における幸福や意思決定などについての意見を述べさせる問題は，**入試の自由英作文でも頻出**のテーマだ。

○ 言語・コミュニケーション
10 スピーチのコツ / 11 沈黙の意味 / 12 言語学習の時期

大学入試の王道ともいえるテーマ。言語学習，英語の特徴，ノンバーバル（非言語）コミュニケーションなどの「伝統的」なトピックから，パブリックスピーチやネットの言葉など近年の傾向に沿った話題まで幅広いが，**知っておけば日常生活や将来の仕事にも役立つ，最も実用的なジャンル**かもしれない。

TOPIC 01

子どもと好奇心

小さな子どもは「何?」「どうして?」と1日に何十回も質問をする。そうすることで自分なりの「世界観」を構築しているのだ。自分が小さかった頃のことも振り返りながら,人間の成長における好奇心や探求心の役割を再認識してみよう。

▮▮ Warm-up ｜ キーワードを知ろう

🔊 S 01-1
*ダウンロード方法は
→7ページ

➔ 次の [　] から適語を選んで,日本語に合う英文を完成させよう。

[**encourage / curious / development / nervous / handle**]

1. 私はその問題にうまく対応することができなかった。
   I couldn't (　　　　　　) the problem.

2. 遊ぶことは子どもの発達にとって重要である。
   Playing is important for a child's (　　　　　　).

3. どうしたら子どもが本を読むよう促すことができるだろうか。
   How can I (　　　　　) children to read books?

4. 子どもはあらゆることに好奇心がある。
   Children are (　　　　　) about everything.

5. 彼は新しい学校へ行くことを不安に感じている。
   He feels (　　　　　) about going to a new school.

答え〈 1. handle　2. development　3. encourage　4. curious　5. nervous

➔ 答えを確認したら音声を3回聞き,3回音読しよう。

→ まずは最後まで読んでみよう。大体の意味が分かったら，**Q** の答えを考えよう。

①Children between the ages of three and five begin to ask many
年齢　　　　　　　　　　　Q

questions. ②The way parents handle their children's questions is
やり方　　　　　[　]

important. ③Some parents may be proud of their children's development
うれしい　　　　　　　　　　　[　]

and happily answer all their questions. ④This encourages children to use
Q　　　　　　　　　　　　[　]

5　their imagination and become more creative. ⑤On the other hand, if
想像力　　　　　　　　創造的

parents are not patient enough to answer questions, children might feel
忍耐強い　　　　　　　　　　　　　～かもしれない

that they shouldn't be curious about things. ⑥As a result, they may begin
[　]　　　　　　　　　　　結　果

to feel nervous about trying new activities.
[　]　　　やってみる　　活　動

Q：1 行目 begin，4 行目 answer の主語を，それぞれ 1 語で抜き出そう。

■─┤ポ　イ　ン　ト├────────────────────────────

ℓ.1　Children between the ages of ～「～歳の間の子ども」▶ between 以下が Children
　　　を後ろから修飾している。

ℓ.2　The way S V「S が V するやり方」

ℓ.3　Some parents ～「～する親もいる」▶ ℓ.5 On the other hand と対応。
　　　development「発達；成長；発育」< develop「発達［成長］する」

ℓ.4　encourage O to *do*「O が～するよう促す」

ℓ.5　On the other hand「その一方で；それに対して」

ℓ.6　... enough to *do*「～するのに十分なほど…」

ℓ.8　feel nervous about *doing*「～するのを不安に感じる」

【Q の答え】　1 行目 begin の主語 ＝ Children
　　　　　　　4 行目 answer の主語 ＝ parents

───

→ 答えを確認したら音声を 3 回聞き，3 回音読しよう。

⊙ 以下は前のページで見た文章である。音声を聞きながら空所を埋めよう。

1. I couldn't _____ .

2. Playing is _____ .

3. How can I _____ ?

4. Children _____ .

5. He _____ a new school.

*　　　*　　　*

①Children between the ages of three and five begin to ask many questions. ②The way _____ is important. ③Some parents may be _____ and happily answer all their questions. ④This _____ and become more creative. ⑤On the other hand, if parents are not patient enough to answer questions, children might feel that they _____ . ⑥As a result, they may begin to _____ new activities.

[日本語訳] ①3歳から5歳の間の子どもたちはたくさんの質問をし始める。②<u>親が子どもたちの質問にうまく対応する</u>やり方が大切である。③<u>子どもの発達がうれしくて,</u>彼らの質問すべてに喜んで答える親もいるかもしれない。④このことは,<u>子どもが想像力を使って,</u>より創造的になる<u>よう促してくれる</u>。⑤それに対して,親が質問に答えるのに十分なほど忍耐強くなければ,子どもは,<u>物事を知りたがるべきではないと</u>感じるかもしれない。⑥その結果,彼らは新しい活動を<u>してみることを不安に感じ</u>始めるかもしれない。

→ 前で見た表現を使って日本語に合う英文を完成し，声に出して言ってみよう。

1. 私はその問題に自分で**うまく対処する**ことができる。

   I _____ by myself.

2. 食べ物は赤ちゃんの**発達**にとって重要である。

   Food is _____.

3. この本はあなたが想像力を使う**よう促して**くれるでしょう。

   This book will _____.

4. 彼女は質問をするほど**好奇心が強く**はなかった。

   She was _____ questions.

5. 彼は新しい物事をやってみるのをとても**不安に**感じている。

   He _____ new things.

解答例 〉 1. I <u>can handle the problem</u> by myself.
2. Food is <u>important for a baby's development</u>.
3. This book will <u>encourage you to use your imagination</u>.
4. She was <u>not curious enough to ask</u> questions.
5. He <u>feels very nervous about trying</u> new things.

→ 左ページの［日本語訳］を見ながら，元の英文を思い出してみよう。完璧でなくてもいいから，声に出しながらノートに書いてみて，最後に答え合わせをしよう。

思考力チャレンジ　→次の答えを日本語で言って／書いてみよう。英語で言って／書いてみよう。

・小さいころ不思議に思っていたことを，何か１つ思い出してみよう。
・今その疑問を小さな子どもから尋ねられたら，どのように答える？

TOPIC 02

新しい学びの形

長らく「知識偏重型」だといわれてきた日本の学校教育。しかし，近年になって学校での教育方法にも変化が見られるようになったという。自分にとって楽しい学び，役に立つ学びとはどんなものだろうと自問しながら，本文を読んでほしい。

▐▐▐ Warm-up │ キーワードを知ろう

🔊 S 02-1

⊙ 次の ［　］ から適語を選んで，日本語に合う英文を完成させよう。

［ **educational / memorization / science / experience / practical** ］

1. 授業において，実践的な活動がより重要になりつつある。
   (　　　　　　　　　) activities are becoming more important in class.

2. 多くの生徒たちは，事実の暗記が好きではないと言う。
   Many students say that they don't like (　　　　　　　) of facts.

3. 子どもたちは実際の経験を通じて多くのことを学ぶ。
   Children learn a lot of things through actual (　　　　　　).

4. このゲームは楽しめるだけでなく，教育的でもある。
   This game is (　　　　　　) as well as enjoyable.

5. 生徒たちは以前よりも科学［理科］に関心を持っている。
   Students are more interested in (　　　　　　) than before.

答え ⟨ 1. Practical　2. memorization　3. experience　4. educational　5. science

⊙ 答えを確認したら音声を 3 回聞き，3 回音読しよう。

→ まずは最後まで読んでみよう。大体の意味が分かったら，**Q** の答えを考えよう。

①Students in Japan are now engaging more in practical activities and
　　　　　　　　　　　　　　行 う　　　　　　　[　]　　　活 動

less in memorization of facts in class. ②Students are learning scientific
　　　　　[　]

principles through actual experience. ③They build electric motors using
原 理　　　　　　　　実際の　　[　]　　　　　　電気の　　　　～を使って

everyday goods, such as wire, magnets, and paper clips. ④They make ice
日常的な　　品 物　　～のような

5　cream by hand with salt and ice. ⑤Students say that they like the new
　　　　手作りで

studying style because it is practical as well as enjoyable and educational.
スタイル　　　　　 Q　　　　～だけでなく　　　　　　　　　[　]

⑥It is hoped that this new method will encourage students to become
　 Q　　望まれる　　　　　　　　　　方 法　　　　　促 す

more interested in science.
　　　　[　]

Q：6 行目 it，7 行目 It はそれぞれ何を指すか，文中から抜き出そう。

■ ┌ポ イ ン ト┐

　ℓ.1　engage in ～「～を行う；～に携わる」
　　　　more ～ and less ...「～が増えて…が減る」
　ℓ.2　memorization「暗記」< memorize「暗記する」，memory「記憶」
　ℓ.3　actual experience ▶*ℓ.1* practical activities に関連する表現。
　　　　They ～ ▶第③④文は，第②文の actual experience の具体例。
　ℓ.6　educational「教育的な；ためになる」
　　　　< education「教育」，educate「教育する」
　ℓ.7　this new method ▶*ℓ.5* the new studying style に関連する表現。
　　　　encourage O to *do*「O が～するよう促す［勧める］」

　【Q の答え】　6 行目 it = the new studying style
　　　　　　　　7 行目 It = that this new method ... interested in science

→ 答えを確認したら音声を 3 回聞き，3 回音読しよう。

⊙ 以下は前のページで見た文章である。音声を聞きながら空所を埋めよう。

1. _____ more important in class.

2. Many students say that they _____.

3. Children learn _____.

4. This game is _____ enjoyable.

5. Students are _____.

＊　　　　＊　　　　＊

①Students in Japan are now engaging _____ and _____ in class. ②Students are learning _____ _____. ③They build electric motors using everyday goods, such as wire, magnets, and paper clips. ④They make ice cream by hand with salt and ice. ⑤Students say that they like the new studying style because it is practical _____. ⑥It is hoped that this new method will encourage students _____ ___.

[日本語訳] ①日本の生徒たちは今，授業で実践的な活動を行うことが多くなり，事実の暗記を行うことは減っている。②生徒たちは実際の経験を通じて科学の原理を学んでいる。③彼らは，針金・磁石・紙クリップなどの日常的な品物を使って電気モーターを組み立てる。④彼らは塩と氷を使って手作りでアイスクリームを作る。⑤生徒たちは新しい学習スタイルが好きだと言う。なぜなら，楽しく教育的なだけでなく，実践的でもあるからだ。⑥この新しい方法で生徒たちが科学［理科］にもっと興味を持つようになる［←この方法が～ように促す］ことが期待される。

⊙ 前で見た表現を使って日本語に合う英文を完成し，声に出して言ってみよう。

1. 私は，授業において**実践的な**活動がとても重要だと思う。

   I think ＿＿＿＿＿＿＿＿＿＿＿＿＿＿＿＿＿＿＿＿＿＿＿ in class.

2. 事実の**暗記**が好きな生徒はほとんどいない。

   Few ＿＿＿＿＿＿＿＿＿＿＿＿＿＿＿＿＿＿＿＿＿＿＿＿＿＿.

3. 私は，実際の**経験**を通じてこれらのことを学んできた。

   I have ＿＿＿＿＿＿＿＿＿＿＿＿＿＿＿＿＿＿＿＿＿＿＿＿＿.

4. その新しい学習スタイルは，楽しめるだけでなく，**教育的**でもある。

   The new ＿＿＿＿＿＿＿＿＿＿＿＿＿＿＿＿＿＿＿＿ as enjoyable.

5. 生徒たちは，以前よりも**科学**［理科］に関心を持つだろう。

   Students will ＿＿＿＿＿＿＿＿＿＿＿＿＿＿＿＿＿＿＿ before.

> 解答例〈 1. I think (that) practical activities are very important in class.
> 2. Few students like memorization of facts.
> 3. I have learned these things through actual experience.
> 4. The new studying style is educational as well as enjoyable.
> 5. Students will be[become] more interested in science than before.

⊙ 左ページの［日本語訳］を見ながら，元の英文を思い出してみよう。完璧でなくてもいいから，声に出しながらノートに書いてみて，最後に答え合わせをしよう。

> **思考力チャレンジ** ⊙ 次の答えを日本語で言って／書いてみよう。英語で言って／書いてみよう。
> ・小学校から今まででいちばん面白かった授業は，いつのどんな授業だった？
> ・その授業が面白かったのはどうして？

TOPIC 03

読書と学力

「好きこそものの上手なれ」ということわざがある。自分に興味のあることは楽しんでやれるから上達も速いという意味だ。英語の勉強も，好きな音楽やスポーツについて英語でネット検索してみることから始めてみてはどうだろうか。

▌▌ Warm-up │ キーワードを知ろう　　　🔊 S 03-1

⊙ 次の [ ] から適語を選んで，日本語に合う英文を完成させよう。

[beneficial / assignment / literacy / performs / digital]

1. 私はこの本を，楽しみのためではなく学校の宿題として読んでいる。
   I'm reading this book as a school (　　　　　) rather than for fun.

2. 彼女はふだん，ほとんどの生徒よりもテストでよい成績を取る。
   She usually (　　　　　) better on tests than most students.

3. 私は，読書はテレビを見るよりも有益だと思う。
   I think reading is more (　　　　　) than watching TV.

4. 紙の本よりデジタルの本を好む人もいる。
   Some people prefer (　　　　　) books to paper books.

5. リテラシー [読み書き能力] とは，読んだり書いたりする能力を意味する。
   (　　　　　) means the ability to read and write.

答え 1. assignment　2. performs　3. beneficial　4. digital　5. Literacy

⊙ 答えを確認したら音声を 3 回聞き，3 回音読しよう。

→ まずは最後まで読んでみよう。大体の意味が分かったら，**Q** の答えを考えよう。

①Reading for pleasure is reading just for fun rather than for your
楽しみ　　　　　　　　　　単に　　　　　　　　　〜ではなく

school assignment or work. ②There is strong evidence linking reading
　　　[　　]　　　　　　　　　　　　　　　　証拠　　結びつける

for enjoyment and educational outcomes. ③Research has shown that
　　　　　　　　　　　結果　　　　研究　　　　　　　示す

students who read daily for pleasure perform better on tests than those
　　　　　　　　毎日　　　　　　　[　　]　　　　　　　　　　　人々

5　who do not. ④Researchers have also found that reading for fun, even a
　　　　　　　研究者　　　　　　　　　　　　　　　　　〜でさえ

little every day, is actually more beneficial than just spending many
　　　　　　　　Q　実際のところ　　　[　　]　　　　　　　過ごす

hours reading for studying and gathering information. ⑤Furthermore,
　　　　　　　　　　　　　　集める　　　　　　　　　さらに

frequent reading for fun, regardless of whether reading paper or digital
頻繁な　　　　　　　　〜にかかわらず　　　　　　　　　　　　　　[　　]

books, is strongly related with improvements in literacy.
　　　Q　　　　関係して　　　向上　　　　[　　]

Q：6 行目，9 行目 is の主語はそれぞれ何か，文中から抜き出そう。

■ ポイント

ℓ.1　for pleasure「楽しみのために」▶ for fun（*ℓ.1*）/ for enjoyment（*ℓ.3*）はこの言い換え。

ℓ.4　perform better「よりよい成績［結果］を残す」
　　　those who do not = students who do not read daily for pleasure

ℓ.6　beneficial「有益な」< benefit「利益；恩恵；〜に利益を与える」
　　　spend O *doing*「〜をして O を過ごす」

ℓ.8　whether A or B「A か B か」▶本文は whether (it is) reading ... と補って考える。

ℓ.9　literacy「リテラシー」▶文字の読み書き能力のほか，コンピューターや情報などを「使い
　　　こなす能力」（computer literacy / information literacy）などについても使われる。

【Q の答え】　6 行目 is の主語 = reading for fun
　　　　　　　9 行目 is の主語 = frequent reading for fun

→ 答えを確認したら音声を 3 回聞き，3 回音読しよう。

➔ 以下は前のページで見た文章である。音声を聞きながら空所を埋めよう。

1. I'm reading this book as _____ for fun.

2. She usually _____ than most students.

3. I think reading is _____.

4. Some people _____ paper books.

5. _____ read and write.

*　　　*　　　*

①Reading for pleasure is reading just for fun rather than _____ _____. ②There is strong evidence linking reading for enjoyment and educational outcomes. ③Research has shown that students who read daily for pleasure _____ who do not. ④Researchers have also found that reading for fun, even a little every day, is _____ _____ many hours reading for studying and gathering information. ⑤Furthermore, frequent reading for fun, regardless of _____ _____, is strongly related with _____ _____.

[日本語訳] ①楽しみのための読書とは，学校の宿題や仕事のためではなく，単に楽しみのために読むことである。②楽しみのための読書と教育の結果［成績］を結びつける強力な証拠がある。③研究によれば，毎日楽しんで読書する学生は，そうでない学生よりテストの成績がよい。④研究者たちはまた，楽しみのための読書は，毎日少しずつであっても，勉強したり情報を集めたりするために読書して何時間も過ごすだけよりも，実際のところ有益だということも発見している。⑤さらに，頻繁に楽しみのための読書をすることは，紙の本を読むかデジタルの本を読むかにかかわらず，リテラシー［読み書き能力］の向上と強く関係しているのである。

⊙ 前で見た表現を使って日本語に合う英文を完成し，声に出して言ってみよう。

1. 私は，学校の**宿題**としてではなく楽しみのために数学を学んでいる。

   I'm studying math for fun _____.

2. 毎日練習する選手は，そうでない選手よりもよい**成績を残す**。

   Players who practice every day _____ than those _____.

3. 海外で英語を学ぶことは，単に日本で学ぶより**有益だ**。

   Studying English abroad _____ studying in Japan.

4. 紙の本は，**デジタル**の本よりも高いことが多い。

   _____ are often more expensive_____.

5. コンピューター**リテラシー**とは，コンピューターを使う能力を意味する。

   Computer _____ a computer.

解答例 1. I'm studying math for fun <u>rather than as a school assignment</u>.
2. Players who practice every day <u>perform better</u> than those <u>who do not</u>.
3. Studying English abroad <u>is more beneficial than just</u> studying in Japan.
4. <u>Paper books</u> are often more expensive <u>than digital books[ones]</u>.
5. Computer <u>literacy means the ability to use</u> a computer.

||| Output 2 | 英語で表現しよう［パッセージ］

⊙ 左ページの［日本語訳］を見ながら，元の英文を思い出してみよう。完璧でなくてもいいから，声に出しながらノートに書いてみて，最後に答え合わせをしよう。

思考力チャレンジ ⊙ 次の答えを日本語で言って／書いてみよう。英語で言って／書いてみよう。
・今までに読んだ本で，いちばん面白かったのはどんな本？
・その本を読むように友達に勧めてみて。

PICK UP

教育・心理

過去の入試で実際に出題されたトピックに触れて，トピック力の幅を広げよう。

◆ 創造性をはぐくむ教育　[**立命館大学**]

> 子どもは 1.<u>生まれながらの創造的な天才</u>であるが，間違いを悪とする 2.<u>標準化</u><u>されたテスト</u>で創造性が失われる。3.<u>創造的に考える</u>ことができる人はリーダーとして成功する。創造性は 4.<u>それを自由に表現する</u>よう促すことで育まれる。

1. born creative geniuses

2. standardized tests

3. think creatively

4. express it freely

◆ IT を活用した学習　[**法政大学**]

> テクノロジーを使えば 1.<u>教え方や学び方を改善する</u>ことができる。生徒たちは 2.<u>オンライン授業を受け</u>たり 3.<u>調べものにウェブを使っ</u>たりできる。テクノロジーは 4.<u>教育のための強力な道具</u>だが，活用するには時間と労力が必要だ。

1. improve teaching and learning

2. online lessons

3. use the web for research

4. powerful tool for education

◆ 色彩の心理的効果　[**成蹊大学**]

> 生活環境の 1.<u>適切な色を選ぶ</u>ことは，2.<u>精神と感情の状態</u>に影響を及ぼす。例えば，青は 3.<u>落ち着かせる色</u>で寝室にふさわしく，赤は気持ちを刺激するので居間などに合う。色は人々に 4.<u>よいふうにも悪いふうにも</u>影響しうる。

1. choosing the right colours

2. mental and emotional state

3. calming colour

4. in both positive and negative ways

＊colour は color のイギリス式つづり。

◆ 高校と大学での学びの違い　[**青山学院大学**]

大学で学ぶには，高校と 1. 違うやり方をすることが求められる。知識は，高校で
は 2. 不変の事実とされるが，大学では 3. 間違っていると判明するかもしれないも
のと見なされる。新しい知識を生み出すため 4. 世間一般の通念を疑う必要がある。

1. take a different approach
2. unchangeable fact
3. turn out to be wrong
4. question the conventional wisdom

◆ 海外留学の重要性　[**名城大学**]

1. 海外留学するのは学生にとって有益な経験であり， 2. 世界の新しい見方を与
えてくれる。ただし， 3. 現地の文化に順応し，多くを学ぶためには，学習上の 4. 読
み書きの技能を身につけておくなど，しっかりした準備が必要不可欠である。

1. study abroad
2. new ways of looking at the world
3. adjust to the local culture
4. literacy skills

英作文 | 出題例 |　まずは日本語でよいので，自分なりの答えを考えてみよう。

1. Besides studying, what else do you want to do during your time in college?
（大学時代には，勉強以外に何をしたいか）[**学習院女子大学**]

2. あなたは，高校で制服が必要だと思いますか。それとも不要だと思いますか。その理
由も含めて，あなた自身の経験に即して英語で答えなさい。[**中央大学**]

3. Online education is becoming a popular choice for many students nowadays.
Which do you think is better, to learn in a classroom or to learn at home over the
Internet? Give reasons for your opinion.（オンライン教育は学生にとって人気のある
選択肢になりつつある。教室で学ぶのとインターネットを通じて家で学ぶのと，どち
らの方がよいと思うか。理由も述べなさい）[**明治学院大学**]

TOPIC 04

睡眠の重要性

一夜漬けのテスト勉強で睡眠不足になり，かえって実力が出せなかった…なんて経験はないだろうか。ぐっすり眠ることが健康にいいのは常識。とはいえ，ぐっすり眠りすぎるのも要注意だというから，話は単純ではないようだ。

‖ Warm-up ｜ キーワードを知ろう　🔊 S 04-1

⊙ 次の ［　］から適語を選んで，日本語に合う英文を完成させよう。

［ **unhealthy / associated / negative / indicates / life span** ］

1. データは，睡眠が健康を保つのに重要であることを**示している**。
   The data (　　　　　　) that sleep is important for keeping ourselves healthy.

2. 十分な睡眠を取らないのは**不健康**だ。
   Not getting enough sleep is (　　　　　　).

3. 睡眠不足はあなたの**寿命**を縮める可能性がある。
   Lack of sleep can shorten your (　　　　　　).

4. ストレスが多すぎると，体に**悪い影響**があるだろう。
   Too much stress will have a (　　　　　　) influence on our bodies.

5. 喫煙は，多くの異なる病気と**関連している**。
   Smoking is (　　　　　　) with many different diseases.

答え 1. indicates　2. unhealthy　3. life span　4. negative　5. associated

⊙ 答えを確認したら音声を 3 回聞き，3 回音読しよう。

➔ まずは最後まで読んでみよう。大体の意味が分かったら，**Q** の答えを考えよう。

①Getting the right amount of sleep is important for keeping ourselves
　　　　　　　適切な　　量　　　　　　　　　　　　　保つ

healthy. ②New research on sleep indicates that <u>reducing our hours of</u>
　　　　　　　研究　　　　　　　[　　]　　　　減らす　　　　**Q**

<u>sleep</u> is not only unhealthy, but can shorten our life span, too. ③People
　　　　　　　　　[　　]　　　　　　　　　　　　　[　　]

who regularly do not get enough sleep may be at risk of dying earlier
　　　しばしば　　　　　　　　　　　　　　　　危険性

5　than those who usually sleep well. ④Surprisingly, the research shows that
　　　　　　　　　　　　　　　　　　意外にも

too much sleep can also have a negative influence on our health. ⑤For
　　　　　　　可能性がある　　　　　　　[　　]

example, in some cases, sleeping more than nine hours per night seems
　　　　　　　　　　　　　　　　　　　　　　　　　～につき

to be associated with a shorter life.
　　[　　]

　Q：2行目 reducing our hours of sleep と同じ内容を表す語句を，文中から抜き出そう。

■─┤ポ　イ　ン　ト├────────────────────

　ℓ.1　the right amount of ～「適切な量の～」
　　　　keep O C「O を C に保つ」
　ℓ.2　research on ～「～に関する研究」
　　　　reduce「～を減らす」 > reduction「減量；削減」
　ℓ.3　not only A, but B, too「A だけでなく B も」
　　　　shorten「～を短くする」⇔ lengthen「～を長くする」
　ℓ.4　be at risk of *doing*「～する危険にさらされている」
　ℓ.6　have a ... influence on ～「～に…な影響を与える」
　ℓ.7　seem to *do*「～するらしい；～するように思われる」
　ℓ.8　a shorter life「より短い人生；寿命が縮むこと」

　【Q の答え】　(do) not get enough sleep（*ℓ.4*）

────────────────────────────────

➔ 答えを確認したら音声を 3 回聞き，3 回音読しよう。

➔ 以下は前のページで見た文章である。音声を聞きながら空所を埋めよう。

1. The data _____ for keeping ourselves healthy.

2. Not _____.

3. Lack of sleep _____.

4. Too much stress will _____ our bodies.

5. Smoking _____ diseases.

*　　　*　　　*

(1)Getting the right amount of sleep is important for keeping ourselves healthy. (2)_____ that reducing our hours of sleep _____, but _____. (3)People who regularly do not get enough sleep may be at risk of dying earlier than those who usually sleep well. (4)Surprisingly, the research shows that too much sleep can also _____ our health. (5)For example, in some cases, sleeping more than nine hours per night _____ a shorter life.

[日本語訳] (1)適切な量の睡眠を取ることは，自分を健康に保つために重要である。(2)睡眠に関する新しい研究によれば，睡眠時間数を減らすことは，不健康なだけでなく，寿命を短くする可能性もある。(3)十分な睡眠を取らないことがよくある人は，ふだんよく眠る人よりも早く死ぬ危険にさらされている可能性がある。(4)意外にも，その研究によれば，眠りすぎもまた健康に悪い影響を与える可能性があることが分かっている。(5)例えば，いくつかのケースでは，ひと晩に9時間以上眠ることは，寿命が縮むことと関連している［関係がある］らしいのである。

⊙ 前で見た表現を使って日本語に合う英文を完成し，声に出して言ってみよう。

1. データは，喫煙が**不健康**であることを**示している**。

   The data _____.

2. 十分な睡眠を取ることは，あなたの**寿命**を延ばすでしょう。

   Getting enough sleep _____.

3. 睡眠不足は，肌に**悪い影響**を及ぼす。

   Lack of sleep _____ your skin.

4. 運動は，健康的な生活と**関連して**いる。

   Exercise _____ life.

5. 私は毎晩，**7時間より多く眠る**ように努めている。

   I'm trying _____ every night.

解答例〉 1. The data indicates[shows] that smoking is unhealthy.
　　　　 2. Getting enough sleep will lengthen your life span.
　　　　 3. Lack of sleep has a negative influence on your skin.
　　　　 4. Exercise is associated with a healthy life.
　　　　 5. I'm trying to sleep more than seven hours every night.

||| Output 2 | 英語で表現しよう［パッセージ］

⊙ 左ページの［日本語訳］を見ながら，元の英文を思い出してみよう。完璧でなくてもいいから，声に出しながらノートに書いてみて，最後に答え合わせをしよう。

┌───┐
│ **思考力チャレンジ** ⊙次の答えを日本語で言って／書いてみよう。英語で言って／書いてみよう。
│ ・あなたはふだん何時間くらい眠る？
│ ・睡眠が足りないとどんなふうになりがち？
└───┘

TOPIC 05

ペットセラピー

人間は何千年も前から動物とともに暮らし，心の安らぎを得てきた。ネットでは，かわいい動物の画像や動画が人気コンテンツだ。そして今，注目されているのが「ペットセラピー」。それは何のために，どんなところで使われているのだろうか。

▌▌ Warm-up ｜ キーワードを知ろう 🔊 S 05-1

⊚ 次の［ ］から適語を選んで，日本語に合う英文を完成させよう。

[**medical / physical / patient / treatment / stress**]

1. 動物と遊ぶことは**ストレス**を減らすのに役立ちうる。
   Playing with animals can help lower (　　　　　).

2. あなたは**肉体的な**健康と精神的な健康の両方に気をつけなければならない。
   You must take care of both (　　　　　) and mental health.

3. その年配の男性はいくつかの**医学的な**問題を抱えている。
   The elderly man has some (　　　　　) problems.

4. この薬を使うことはインフルエンザに対する有効な**治療法**である。
   Using this drug is an effective (　　　　　) for the flu.

5. その患者はペットセラピーによって具合がよくなりつつある。
   The (　　　　　) is feeling better through pet therapy.

答え＜ 1. stress　2. physical　3. medical　4. treatment　5. patient

⊚ 答えを確認したら音声を 3 回聞き，3 回音読しよう。

➔ まずは最後まで読んでみよう。大体の意味が分かったら，Q の答えを考えよう。

①Pets do more than just reduce people's loneliness. ②Research shows
that pets can also lower people's blood pressure, stress, and even physical
pain. ③Today, medical professionals are making use of this knowledge
through pet therapy in hospitals, nursing homes and schools. ④They use
5　trained animals to offer effective treatments for a variety of physical and
mental issues. ⑤Although dogs and cats are most commonly used, fish,
rabbits, horses, and other animals may be used depending on a patient's
needs.

Q：3行目 this が指す内容に当たる部分を，文中から抜き出そう。

■ ─ポ イ ン ト─

　ℓ.1　do more than just ～「単に～以上のことをする」▶「単に～するだけではない」（not
　　　　just）という意味合いで，*ℓ.2* の also（～もまた）と対応する。
　　　　loneliness「孤独」＜ lonely「孤独な」
　ℓ.2　physical「肉体的な」▶「物理（学）的な」の意味もあるので注意。
　　　　even physical pain「肉体的な痛みさえも」
　ℓ.3　medical「医学的な；医療の」＜ medicine「医学；薬」
　　　　make use of ～「～を利用する」
　ℓ.5　to offer ～「～を提供するために」▶目的の意味を表す不定詞。
　　　　treatment「治療；治療法」＜ treat「治療する；手当てする」
　ℓ.7　depending on ～「～に応じて；～次第で」

　【Q の答え】　pets can also lower people's blood pressure, stress, and even
　　　　　　　physical pain（*ℓ.2*）

➔ 答えを確認したら音声を 3 回聞き，3 回音読しよう。

⊙ 以下は前のページで見た文章である。音声を聞きながら空所を埋めよう。

1. Playing with animals _____.

2. You must take care of _____.

3. The elderly man _____.

4. Using this drug is _____.

5. _____ through pet therapy.

*   *   *

①Pets _____ people's loneliness. ②Research shows that pets can also lower people's _____. ③Today, _____ this knowledge through pet therapy in hospitals, nursing homes and schools. ④They use _____ _____ for a variety of physical and mental issues. ⑤Although dogs and cats are most commonly used, fish, rabbits, horses, and other animals may be used _____.

［日本語訳］①ペットは、単に人々の孤独を軽減する以上のことをしてくれる。②ペットはまた，人々の血圧やストレス，肉体的な痛みさえも減らすこともできると，調査研究は明らかにしている。③今日，医療の専門家は，病院や介護施設や学校で，ペットセラピーによってこの知識を利用している。④彼らは，さまざまな肉体的・精神的問題に対する有効な治療法を提供するために，訓練された動物を使う。⑤イヌとネコが最も一般的に使われるが，患者の必要性に応じて，魚・ウサギ・馬や，他の動物が使われることもある。

➔ 前で見た表現を使って日本語に合う英文を完成し，声に出して言ってみよう。

1. ペットは，**ストレス**と**肉体的な**痛みを減らすのに役立ちうる。

   Pets can _____.

2. 彼らは介護施設で**医学的な**知識を利用している。

   They are making _____ nursing homes.

3. この病気に対する最も効果的な**治療法**は何ですか。

   What is _____ this disease?

4. ペットセラピーのおかげでその**患者**は具合がよくなった。

   Pet therapy made _____.

5. イヌやネコは，人々の孤独を**軽減する**ために使われる。

   Dogs and cats _____ people's loneliness.

解答例 1. Pets can help lower[reduce] stress and physical pain.
      2. They are making use of medical knowledge in nursing homes.
      3. What is the most effective treatment for this disease?
      4. Pet therapy made the patient feel better.
      5. Dogs and cats are used to reduce[lower] people's loneliness.

||| Output 2 | 英語で表現しよう［パッセージ］

➔ 左ページの［日本語訳］を見ながら，元の英文を思い出してみよう。完璧でなくてもいいから，声に出しながらノートに書いてみて，最後に答え合わせをしよう。

思考力チャレンジ ➔ 次の答えを日本語で言って／書いてみよう。英語で言って／書いてみよう。

・あなたはどんなときにストレスと感じる？
・そういうときのストレス解消法をいくつか挙げてみよう。

TOPIC 06

アレルギーの原因

花粉症やぜんそく，食物アレルギーなど，日本人の2人に1人が苦しんでいるとも

いわれるアレルギー疾患。その急増の背景には私たちの生活環境の変化があるらし

しい。アレルギーが「現代病」ともいわれるゆえんだ。

▐▌ Warm-up | キーワードを知ろう

🔊 S 06-1

⤷ 次の[ ]から適語を選んで，日本語に合う英文を完成させよう。

[**exposed / allergy / immunity / brought up / substance**]

1. 私は花粉にアレルギーがあります［花粉症です］。
   I have an (　　　　　　　) to pollen.

2. たいていの子どもは清潔な環境で育てられる。
   Most children are (　　　　　　　) in a clean environment.

3. 赤ん坊は直射日光にさらされるべきではない。
   Babies shouldn't be (　　　　　　　) to direct sunlight.

4. アレルゲンとは，アレルギーを引き起こす物質だ。
   An allergen is a (　　　　　　　) that causes an allergy.

5. あなたの体はやがてそのウイルスに対する免疫をつけるでしょう。
   Your body will soon build up (　　　　　　　) to the virus.

答え 1. allergy　2. brought up　3. exposed　4. substance　5. immunity

⤷ 答えを確認したら音声を3回聞き，3回音読しよう。

→ まずは最後まで読んでみよう。大体の意味が分かったら，**Q** の答えを考えよう。

①A currently popular explanation for the rise in allergies is the
　　　　　現在　　　　　　　　　　説明　　　　　　　増加　　　[　　]
so-called "hygiene hypothesis." ②The basic idea is <u>that</u> young children
いわゆる　　衛生　仮説　　　　　　　　　　　　　　　　　　<u>Q</u>
brought up in an environment which is too clean are more at risk of
[　　]　　　　　　　　　　　　　　　　　　　　　　　　　　　危険性
developing allergies. ③Nowadays, people bathe and wash their clothes
発症する　　　　　　　　　　　　　　　　入浴する　　　　　　　　衣服
5 more frequently than in the past, and thanks to vacuum cleaners homes
　　頻繁に　　　　　　　　　　　　　　～のおかげで　　掃除機
are less dusty, too. ④One result of all these changes is <u>that</u> in their
ほこりっぽい　　　　　　　結果　　　　　　　　　　　　　　<u>Q</u>
early lives children are exposed to fewer allergens — substances <u>that</u> can
小さい頃　　　　　　　　[　　]　　　アレルゲン　　　[　　]　　<u>Q</u>
cause allergies — and this means <u>that</u> their bodies cannot build up
　　　　　　　　　　　　　　　　　<u>Q</u>　　　　　　　　　　　強化する
natural immunity to them.
[　　]

　　　　　　　　　Q：下線部の４つの that のうち，１つだけ他と働きが違うのはどれか。

■ ┤ポ　イ　ン　ト├

ℓ.1 rise in ～「～の増加」

ℓ.2 hygiene hypothesis「衛生仮説」▶具体的な内容は次の文で説明されている。

ℓ.3 brought up「育てられた」▶過去分詞で，以下は前の young children にかかる。

ℓ.6 less dusty (than in the past) ▶比較の対象は前行から補って考える。

ℓ.7 fewer allergens (than in the past) ▶上と同様。

ℓ.8 this means that ～「これは（つまり）～ということだ」
　　　build up「～を（だんだんと）強化する」▶ここでは「免疫をつける」。

ℓ.9 natural immunity「自然免疫」▶生まれつき備わっている免疫（病原体などに対する防
　　　御機構の一種）。< be immune to ～「～に免疫がある」

【**Q** の答え】 ７行目の that（関係代名詞）▶他は接続詞「～ということ」。

→ 答えを確認したら音声を３回聞き，３回音読しよう。

⊙ 以下は前のページで見た文章である。音声を聞きながら空所を埋めよう。

1. I _____.

2. Most children _____ environment.

3. Babies shouldn't _____.

4. An allergen is _____.

5. Your body will soon _____ the virus.

*　　　*　　　*

①A currently popular _____ is the so-called "hygiene hypothesis." ②The basic idea is that young children _____ which is too clean are more at risk of developing allergies. ③Nowadays, people bathe and wash their clothes more frequently than in the past, and thanks to vacuum cleaners homes are less dusty, too. ④One result of all these changes is that in their early lives ____ _____ fewer allergens — _____ ___ — and this means that their bodies cannot _____ _____ them.

[日本語訳] ①アレルギーの増加に対する現在一般的な説明は，いわゆる「衛生仮説」である。②その基本的な考え方は，清潔すぎる環境で育てられた幼い子どもは，アレルギーを発症する危険性がより高いというものだ。③最近では，人々は昔よりも頻繁に入浴したり衣服を洗ったりし，掃除機のおかげで家も昔ほどほこりっぽくない。④すべてのこうした変化の結果の１つは，子どもたちが小さい頃にさらされるアレルゲン——アレルギーを引き起こす可能性のある物質——が減ったことであり，これはつまり，彼らの体がアレルゲンに対する自然免疫を強化することができないということを意味する。

Output 1 | 英語で表現しよう［単文］

⊙ 前で見た表現を使って日本語に合う英文を完成し，声に出して言ってみよう。

1. あなたは卵に**アレルギー**がありますか。

   Do _____ eggs?

2. 子どもたちは，健康的な環境で**育てられる**べきだ。

   Children should _____ environment.

3. これはつまり，私が危険に**さらされている**ということですか。

   Does this _____ danger?

4. 毒は，体に害を引き起こす**物質**である。

   A poison _____ damage to the body.

5. 多くの人々がそのウイルスに対する**免疫**をつけるだろう。

   Many people will _____ the virus.

解答例
1. Do <u>you have an allergy to</u> eggs?
2. Children should <u>be brought up in a healthy</u> environment.
3. Does this <u>mean that I am exposed to</u> danger?
4. A poison <u>is a substance that causes</u> damage to the body.
5. Many people will <u>build up immunity to</u> the virus.

Output 2 | 英語で表現しよう［パッセージ］

⊙ 左ページの［日本語訳］を見ながら，元の英文を思い出してみよう。完璧でなくてもいいから，声に出しながらノートに書いてみて，最後に答え合わせをしよう。

> **思考力チャレンジ** ⊙ 次の答えを日本語で言って／書いてみよう。英語で言って／書いてみよう。
> ・あなたの生活環境の中にある，健康に悪そうなものごとを思い浮かべてみよう。
> ・それを改善するにはどうしたらいい？

PICK UP

健康・医学

過去の入試で実際に出題されたトピックに触れて，トピック力の幅を広げよう。

◆ ウイルスとワクチン　[**日本大学**]

1.ウイルスや細菌が体内に入ると病気になる。2.ワクチンを接種すると，血液中にウイルスや細菌を殺す 3.抗体ができるため，将来その病気にかかるのを防ぐ効果がある。しかし，4.感染を防ぐ最善の方法はよく手を洗うことだ。

1. viruses and bacteria
2. inject vaccines
3. antibodies
4. the best way to prevent infections

◆ エコセラピー　[**立命館大学**]

1.自然の中で時間を過ごすことで人々はより健康になる。これは 2.エコセラピーと呼ばれ，広まりつつある。気分や行動は 3.肉体的健康と結びついている。さらに，自然を大切にするという 4.目的意識を持つことも，健康増進につながる。

1. spending time in nature
2. ecotherapy
3. tied to physical health
4. a sense of purpose

◆ 肥満の増加　[**小樽商科大学**]

1.肥満とは，2.健康が脅かされるほど太りすぎていることであり，世界中で増加している。原因の1つは 3.健康に悪いスナック菓子などのジャンクフードだ。肥満は 4.健康上の問題を引き起こすので，防止するための対策が必要だ。

1. obesity
2. health is at risk
3. unhealthy snacks
4. health problems

◆ 運動と脳　[**青山学院大学**]

> ランニングは 1.頭をスッキリさせてくれる。2.神経科学の研究によると，大人
> になってからでも，汗をかくくらいの有酸素運動をすれば，3.学習と記憶に関
> 係する脳の部位に 4.新しいニューロン［脳細胞の一種］が作り出される。

1. clear your head

2. research in neuroscience

3. a region of the brain associated with learning and memory

4. new neurons are produced

◆ 現代人の孤独　[**関西外国語大学**]

> ネットワークが発達した現代でも 1.孤独は大きな 2.公衆衛生の問題だ。孤独は，
> 肥満やけがなどの 3.危険因子と同様に，寿命を縮める可能性がある。周囲の人々
> が孤独な人を手助けして，4.居場所があると感じられるようにすべきだ。

1. loneliness

2. public health issue

3. risk factors

4. belong where they are

英作文 出題例　まずは日本語でよいので，自分なりの答えを考えてみよう。

1. 睡眠以外で，あなたが健康のために普段から気をつけていることについて，英文で述
   べよ。[**清泉女子大学**]

2. In your opinion, what are effective strategies to deal with stress? Describe several
   strategies you use.（ストレスに対処するのに効果的なやり方は何か。あなたが行っ
   ているやり方をいくつか述べなさい）[**順天堂大学**]

3. Many people keep dogs, cats, hamsters, or other animals as pets in their homes.
   Do you think it's a good idea to have a pet? If yes, why? If no, why not?
   （多くの人が家でペットを飼っている。ペットを飼うのはいい考えだと思うか。理由
   も述べなさい）[**新潟県立大学**]

TOPIC 07

人生における成功

科学実験やダイエットであれば，成功・不成功の基準は決めやすい。では，「人生において成功する」とはどういうことだろうか。仕事・家族・勉強・趣味…人生のさまざまな構成要素を思い浮かべながら，「成功」の形を思い描いてみよう。

‖ Warm-up ｜ キーワードを知ろう

🔊 S 07-1

⊙ 次の ［ ］ から適語を選んで，日本語に合う英文を完成させよう。

［ **achieve / passion / career / purpose / relationship** ］

1. 私はファッション業界の仕事に興味がある。
   I'm interested in a (　　　　　　　) in the fashion business.

2. 彼女は目標を達成するため熱心に働いた。
   She worked hard to (　　　　　　　) her goal.

3. 私はまだ彼とよい関係を築いていません。
   I haven't built a good (　　　　　　　) with him yet.

4. 私の人生の目的は，あなたを幸せにすることです。
   My (　　　　　　　) in life is to make you happy.

5. 彼女は音楽に強い情熱を持っている。
   She has a strong (　　　　　　　) for music.

答え 1. career　2. achieve　3. relationship　4. purpose　5. passion

⊙ 答えを確認したら音声を 3 回聞き，3 回音読しよう。

➔ まずは最後まで読んでみよう。大体の意味が分かったら，Q の答えを考えよう。

①How do you define success in life? ②Some people connect it to their
　　　　　定義する　　　　　　　　　　　　　　　　　　結びつける　Q
careers, so they work hard to achieve their business goals. ③Other people
　［　］　　　　　　　　　　　　　　［　］　　　　目　標
see success in life as more personal. ④For them, the key to happiness is
見なす　　　　　　　　　　私　的　　　　　　　秘けつ
building and maintaining strong relationships with friends and family.
　築く　　　　　維持する　　　　　　　　　　［　　　］
5 ⑤There is no one definition of success; ⑥you are free to make your own.
　　　　　　　　　定　義　　　　　　　　自由に〜できる　　　自分自身のもの
⑦Find your own purpose in life and follow your passion wherever it
　　　　　　　［　　］　　　　　　　　従って行く　　　［　　］　〜するどこへでも Q
leads you.

　　　Q：1行目，6行目の it はそれぞれ何を指すか，文中から抜き出そう。

■─┤ポ│イ│ン│ト├──────────────────────────
ℓ.1 define「定義する」> definition「定義」(ℓ.5)
　　success「成功」> succeed「成功する」, successful「成功した」
　　Some people 〜「〜する人々もいる」▶ℓ.2 の Other people と対応。
ℓ.2 career「仕事；職業；経歴」▶生涯にわたって続けるような仕事・職業をいう。
ℓ.3 see A as B「A を B と見なす［考える］」
ℓ.4 building and maintaining「〜を築いて維持すること」▶動名詞。
ℓ.5 There is no one definition「唯一の定義があるわけではない」▶ no は one
　　definition を否定している。no one「誰も〜ない」ではないことに注意。
　　your own (definition of success)「あなた自身の成功の定義」
ℓ.6 follow 〜 wherever it leads you「それ（情熱）があなたを導いていくところ
　　ならどこへでも〜に従って行く」▶ wherever は副詞節を作る複合関係副詞。

【Q の答え】 1行目 it = success in life
　　　　　　 6行目 it = your passion

➔ 答えを確認したら音声を 3 回聞き，3 回音読しよう。

🔊 S 07-1, S 07-2

➔ 以下は前のページで見た文章である。音声を聞きながら空所を埋めよう。

1. I'm interested in _____.

2. She _____.

3. I haven't built _____.

4. _____ to make you happy.

5. She has _____.

*　　　*　　　*

①How do you define success in life? ②Some people _____ _____, so they work hard _____. ③Other people see success in life as more personal. ④For them, the key to happiness is _____ with friends and family. ⑤There is no one definition of success; ⑥you are free to make your own. ⑦Find _____ _____ and _____ it leads you.

[日本語訳] ①あなたは人生における成功をどう定義するだろうか。②それを仕事と結びつける人々もおり，だから彼らはビジネスの目標を達成するため熱心に働く。③人生における成功を，もっと私的なものと見なす人々もいる。④彼らにとって，幸せになる秘けつは，友人や家族と強い関係を築いて維持することである。⑤成功の定義は1つに決まっているわけではない。⑥あなたは自分自身の成功の定義を自由に作ることができるのだ。⑦あなた自身の人生の目的を見つけ，情熱があなたを導いていくところならどこへでも，情熱に従って行きなさい。

⊙ 前で見た表現を使って日本語に合う英文を完成し，声に出して言ってみよう。

1. あなたは教える**仕事**に興味がありますか。

   Are you ＿＿＿＿＿＿＿＿＿＿＿＿＿＿＿＿＿＿＿＿＿＿＿＿ teaching?

2. 私はこの目標を**達成する**ため熱心に働かなければならない。

   I must ＿＿＿＿＿＿＿＿＿＿＿＿＿＿＿＿＿＿＿＿＿＿＿＿＿.

3. 私は彼らとよい**関係**を築こうとしています。

   I'm trying to ＿＿＿＿＿＿＿＿＿＿＿＿＿＿＿＿＿＿＿＿＿ them.

4. 彼女の人生の**目的**は，自分の**情熱**に従って行くことです。

   Her ＿＿＿＿＿＿＿＿＿＿＿＿＿＿＿＿＿＿＿＿＿＿＿＿＿＿.

5. 人生における成功を，お金持ちであることと**見なす**人々もいる。

   Some people ＿＿＿＿＿＿＿＿＿＿＿＿＿＿＿＿＿＿＿＿ being rich.

解答例 ⟨ 1. Are you <u>interested in a career in</u> teaching?
　　　 2. I must <u>work hard to achieve this goal</u>.
　　　 3. I'm trying to <u>build a good relationship with</u> them.
　　　 4. Her <u>purpose in life is to follow her passion</u>.
　　　 5. Some people <u>see success in life as</u> being rich.

||| Output 2 | 英語で表現しよう［パッセージ］

⊙ 左ページの［日本語訳］を見ながら，元の英文を思い出してみよう。完璧でなくてもいいから，声に出しながらノートに書いてみて，最後に答え合わせをしよう。

┌───┐
│ 思考カチャレンジ ⊙次の答えを日本語で言って／書いてみよう。英語で言って／書いてみよう。│
│ ・人生における成功のイメージを 3 つ思い浮かべてみよう。   │
│ ・そのうちで，あなたがいちばん望むのはどれ？ その理由は？   │
└───┘

TOPIC 08

「事実」と「知識」

「事実」とは「現実に存在することがら」であり，それをあなたが認識し，頭の引き出しに収めたとき，初めて「知識」になる。そして，その「知識」をもとに推論や予測が行われる。物事の正しい判断のためには，正しい知識が必要になるのだ。

‖‖ Warm-up ｜ キーワードを知ろう

🔊 S 08-1

⊕ 次の [ ] から適語を選んで，日本語に合う英文を完成させよう。

[prediction / reason / information / conclusion / knowledge]

1. あなたはどのようにして，彼がお金を盗んだと**推論する**のですか。
   How do you (　　　　　) that he stole the money?

2. 私はあなたと同じ**結論**にたどり着いた。
   I have reached the same (　　　　　) as you.

3. 私は経済学の**知識**をほとんど持っていない。
   I have very little (　　　　　) of economics.

4. 彼女は私に，役に立つ**情報**を1つくれた。
   She gave me a useful piece of (　　　　　).

5. 未来について正確な**予測**をするのは難しい。
   It's difficult to make a correct (　　　　　) about the future.

答え 1. reason　2. conclusion　3. knowledge　4. information　5. prediction

⊕ 答えを確認したら音声を3回聞き，3回音読しよう。

➔ まずは最後まで読んでみよう。大体の意味が分かったら，Q の答えを考えよう。

①On a warm summer day, you walk outside and see a black cloud in
　　　　　　　　　　　　　　　　　　　　　　　外で
the sky. ②And everyone around you is carrying an umbrella. ③You reason
　　　　　　　　　　　　　　　　　　　　　　傘　　　　　　　　　　　[　　]
that it will probably rain later. ④You reach this conclusion because you
　　　　　　たぶん　　　　後で　　　　到達する　　　　[　　]
have knowledge. ⑤Knowledge is the meaning you find in the relationship
　　[　　]　　　　　　　　　　　　　　　　　　意　味　　　　　　　　　関　係
5　between facts. ⑥A black cloud and people carrying umbrellas are simply
　　　　　事　実　　　　　　　　　　　　　　　　　　　　　　　　　　　単　に
pieces of information. ⑦But by connecting that information to your
　　　　　[　　]　　　　　　　　　　　　　結びつける
understanding of the world, you are able to make predictions about the
　　　　　　　　　　Q　　　　　　　　　　　　　　　　　　　　[　　]
unknown.
未知のこと

　　　Q：6 行目 your understanding ... とほぼ同じ意味で用いられている語はどれか。

■ ┤ポ｜イ｜ン｜ト├

　ℓ.2　reason that ～「～と推論する」▶論理的に推論・判断すること。
　ℓ.3　conclusion「結論」< conclude「結論づける」（= reach a conclusion）
　ℓ.4　the meaning (that) you find「あなたが見出す意味」▶目的格の関係代名詞の省略。
　　　　relationship between ～「～の間の関係；～同士の関係」
　ℓ.6　pieces of information「複数の情報」▶ information は不可算名詞なので，複数である
　　　　ことを明示するためには pieces of ～ とする。ここでは facts とほぼ同じ内容をいう。
　　　　connect A to B「A を B に結びつける」
　ℓ.7　prediction「予測；予言」< predict「予測［予言］する」
　　　　the unknown「知らないこと；未知のこと」▶〈the ＋形容詞〉で「～なこと」。

　【Q の答え】　knowledge ▶your understanding of the world とは「（さまざまな事実から成り立っ
　　　　　　　　ている）世界についての理解」の意味だから，ここでは，第⑤文で「事実同士の関係
　　　　　　　　の中に見出す意味」と説明されている knowledge とほぼ同じ内容を指す。

➔ 答えを確認したら音声を 3 回聞き，3 回音読しよう。

⊙ 以下は前のページで見た文章である。音声を聞きながら空所を埋めよう。

1. How do you _____?

2. I have _____ you.

3. I _____ economics.

4. She gave me _____.

5. It's difficult to _____.

*   *   *

①On a warm summer day, you walk outside and see a black cloud in the sky. ②And everyone around you is carrying an umbrella. ③You _____ _____ later. ④_____ because you have knowledge. ⑤_____ in the relationship between facts. ⑥A black cloud and people carrying umbrellas _____ _____. ⑦But by connecting that information to your understanding of the world, you are _____ the unknown.

［日本語訳］①暖かい夏の日に，あなたは屋外を歩いて，空に1片の黒い雲を見る。②そして，あなたの周りの人は皆，傘を持っている。③あなたは，後ほど<u>たぶん雨が降るだろうと推論する</u>。④知識を持っているゆえに，あなたは<u>この結論にたどり着く</u>。⑤<u>知識とは</u>，あなたが事実同士の関係の中に<u>見出す意味</u>のことである。⑥黒い雲と，傘を持っている人々は，<u>単に複数の情報に過ぎない</u>。⑦しかし，その情報を世界に関するあなたの理解と結びつけることによって，あなたは未知のこと<u>に関する予測をすることができる</u>のだ。

→ 前で見た表現を使って日本語に合う英文を完成し，声に出して言ってみよう。

1. 私は，もうすぐ雨が降るだろうと**推論した**。

   I _____ soon.

2. 彼は誤った**結論**にたどり着いた。

   He has _____.

3. 彼女は英文法の**知識**を全く持っていない。

   She _____ English grammar.

4. この**情報**があれば，あなたはよりよい**予測**ができます。

   With _____, you can _____.

5. これらの事実の間には何らかの**関係**がありますか。

   Is there _____?

解答例 1. I <u>reasoned that it would rain</u> soon.
2. He has <u>reached the wrong conclusion</u>.
3. She <u>has no knowledge of</u> English grammar.
4. With <u>this information</u>, you can <u>make a better prediction [make better predictions]</u>.
5. Is there <u>any relationship between these facts</u>?

||| Output 2 | 英語で表現しよう［パッセージ］

→ 左ページの［日本語訳］を見ながら，元の英文を思い出してみよう。完璧でなくてもいいから，声に出しながらノートに書いてみて，最後に答え合わせをしよう。

思考力チャレンジ　→次の答えを日本語で言って／書いてみよう。英語で言って／書いてみよう。

・最近あなたが知って面白いと思った新しい知識を1つ思い浮かべてみよう。
・その知識から，あなたはどんな推論や想像ができるようになっただろうか。

思想・人生③

TOPIC 09

問題解決の方法

人生は問題でできている。休日のプランから将来の進路，地球環境まで，日々さまざまな問題解決の連続だ。そして，そうした問題への取り組み方は人それぞれ。自力で解決しようとするか，知恵や力を出し合うか。あなたはどちらのタイプだろうか。

▌▌ Warm-up ｜ キーワードを知ろう

🔊 S 09-1

→ 次の ［　］から適語を選んで，日本語に合う英文を完成させよう。

［ **positive / approaches / recognize / deal with / tend to** ］

1. 人が違えば人生への取り組み方も異なる。
   Different people have different (　　　　　　　) to life.

2. 私たちはどのようにその問題に対処するべきだろうか。
   I wonder how we should (　　　　　　　) the problem.

3. 若い人たちは友達と長い時間を過ごす傾向がある。
   Young people (　　　　　　　) spend a long time with their friends.

4. 何事にもプラスの点とマイナスの点がある。
   Everything has (　　　　　　　) and negative points.

5. 私たちは協力の大切さを認識することを学ばなければならない。
   We must learn to (　　　　　　　) the importance of cooperation.

答え 1. approaches　2. deal with　3. tend to　4. positive　5. recognize

→ 答えを確認したら音声を 3 回聞き，3 回音読しよう。

➔ まずは最後まで読んでみよう。大体の意味が分かったら，**Q** の答えを考えよう。

①Have you ever noticed the different approaches people use to
　　　　　　　　　　　　気づく　　　　　　　　　　　　　　[　]
deal with problems? ②Some people, "individualists," generally try to
[　]　　　　　　　　　　　　　　　　　　　個人主義者　　　　　　たいてい
work through problems on their own. ③Other people, "cooperators,"
〜を解決する　　　　　　　　　　　　　　　　　　　　　　　　　　協力者
tend to approach problem-solving as a group matter. ④Each approach
[　]　　Q　　　　　　　　問題解決　　　　　　事　柄　　　　　　Q
5　has positive and negative points. ⑤We should learn to recognize the
　　　　　　　[　]　　　　　　　　　　　　　　　　　　　　　　[　]
different approaches to dealing with problems. ⑥This knowledge can
　　　　　Q
help us build smoother relations between people with different
　　　　　築　く　　　円滑な　　　　関　係　　　　　　　　　　　〜を持った
approaches to problem-solving.
　Q

　　　　　Q：4 行目以下の下線部の 4 つの approach(es) の品詞をそれぞれ言ってみよう。

┌─ ポ　イ　ン　ト ────────────────────────────────
│
│ *ℓ.1* approaches (that) people use「人々が用いる取り組み方」▶目的格の関係代名詞
│　　　　　の省略。他動詞 use の後ろに目的語がないことに注目。
│ *ℓ.2* Some people 〜. Other people ...「ある人々は〜。他の人々は…」
│　　　　　individualist「個人主義者」▶ Some people と同格。前後のコンマに注意。
│　　　　　＜ individual「個人；個人的な」, individualism「個人主義」
│ *ℓ.3* on *one's* own「自分の力で，1 人で」
│ *ℓ.5* learn to *do*「〜することを学ぶ；〜できるようになる」
│　　　　　recognize 〜 ▶以下は *ℓ.1* noticed the different approaches ... の言い換え。
│ *ℓ.7* help O *do*「O が〜するのに役立つ」
│　　　　　relation between 〜「〜の間の関係」
│
│ 【Q の答え】　1 つ目（*ℓ.4*）＝動詞（〜に取り組む）
│　　　　　　　　　2 〜 4 つ目（*ℓ.4,6,8*）＝名詞（取り組み方）
│　　　　　　　　　▶動詞の場合は他動詞 approach ＋ O，名詞では approach to O となる。
└──

➔ 答えを確認したら音声を 3 回聞き，3 回音読しよう。

⊙ 以下は前のページで見た文章である。音声を聞きながら空所を埋めよう。

1. Different people _____.

2. I wonder _____ the problem.

3. Young people _____ with their friends.

4. Everything _____.

5. We must _____ of cooperation.

     *   *   *

 ₁Have you ever _____ people use _____
_____? ₂Some people, "individualists," generally try to work through problems on their own. ₃Other people, "cooperators," _____
_____ as a group matter. ₄Each approach _____
_____. ₅We _____ the different approaches to dealing with problems. ₆This knowledge can help us build smoother relations between people with different approaches to problem-solving.

[日本語訳] ₁問題に対処するために人々が用いる，異なった取り組み方に気づいたことが今までにあるだろうか。₂ある人々──「個人主義者」──は，たいてい問題を自分の力で解決しようとする。₃他の人々──「協力者 [協調主義者]」──は，集団に関わる事柄として問題解決に取り組む傾向がある。₄それぞれの取り組み方には，プラスの点とマイナスの点がある。₅私たちは，問題を扱うことに対する異なった取り組み方を認識できるようになるべきだ。₆この知識は [→これを知っていると]，私たちが，問題解決に対する異なった取り組み方をする人々と，より円滑な関係を築くのに役立ちうるのである。

➔ 前で見た表現を使って日本語に合う英文を完成し，声に出して言ってみよう。

1. 彼女はよりよい答えを見つけるために，違う**取り組み方**を用いた。

   She used _____ a better answer.

2. 私たちはどのようにその新しい問題**に対処する**べきでしょうか。

   How _____ the new problem?

3. 彼はすべてのことを自分の力でしようとする**傾向がある**。

   He _____ do everything _____.

4. そのアイデアには，**プラス**の点とマイナスの点がある。

   There _____ in that idea.

5. 私は問題解決の大切さを**認識する**ことができるようになった。

   I have learned _____.

解答例〈 1. She used <u>a different approach to find</u> a better answer.
2. How <u>should we deal with</u> the new problem?
3. He <u>tends to try to</u> do everything <u>on his own</u>.
4. There <u>are positive and negative points</u> in that idea.
5. I have learned <u>to recognize the importance of problem-solving</u>.

||| **Output 2** | 英語で表現しよう [パッセージ]

➔ 左ページの［日本語訳］を見ながら，元の英文を思い出してみよう。完璧でなくてもいいから，声に出しながらノートに書いてみて，最後に答え合わせをしよう。

| 思考力チャレンジ | ➔ 次の答えを日本語で言って／書いてみよう。英語で言って／書いてみよう。

・あなたは1人で行動するのと，グループで行動するのでは，どちらが好き？
・それはどうして？ それにはどんなプラスの点やマイナスの点がある？

PICK UP

思想・人生

過去の入試で実際に出題されたトピックに触れて，トピック力の幅を広げよう。

◆ 習慣のメリット・デメリット　[**中央大学**]

行動が習慣化すると，1.労力が節約でき，2.日常的な作業が容易になる。疲れて
いるときなどは 3.習慣に従いがちなので，普段から良い習慣をつけたい。しか
し，習慣には 4.利点だけでなく欠点もある。慣れると喜びに対して鈍感になる。

1. save effort
2. daily tasks become easier
3. follow our habits
4. have disadvantages as well as benefits

◆ 友情の大切さ　[**同志社大学**]

親子や夫婦・恋人と違って 1.友情は独特の関係であり，幸福には不可欠だ。年
齢によって 2.人々が友情から求めるものは変わらない。人は若い頃には 3.価値
観を共有する友達を求める。4.中年になると新しい友達を作るのは難しくなる。

1. friendships are unique relationships
2. what people want from friendships
3. friends who share their values
4. enter middle age

◆ スローの復権　[**青山学院大学**]

現代は 1.スピードと効率を重視するが，2.スローであることの利点も見直され
ている。ゆっくり話す人は相手の話をよく聞くこともできる。3.忍耐強く待つ
力は人生で役に立つ。4.スローフード運動やスロー子育てなども流行している。

1. value speed and efficiency
2. the benefits of being slow
3. wait patiently
4. slow food movement

◆ インターネットとアイデンティティ ［立命館大学］

> インターネットは ₁自分らしさの感覚に影響を与える。「いいね」やコメント として ₂ほぼ即座に反応が得られるため，他人の意見にとらわれて ₃本当の自分を理解できなくなる。一度 ₄接続を切って，ゆっくり考えてみよう。

1. our sense of identity　　　2. receive almost instant feedback

3. understand who we really are　　4. disconnect

◆ 人がうそをつく理由 ［甲南大学］

> ₁正直は最良の策というが，人は多くの理由でうそをつく。₂誤りを認める勇気がなくてうそをつく。人を傷つけないよう ₃「罪のないうそ」をつく。うそは ₄信頼の喪失につながるので，うそをつく動機をよく吟味する必要がある。

1. Honesty is the best policy.　　2. admit their errors

3. tell a "white lie"　　　4. the loss of trust

英作文 ｜出題例｜ まずは日本語でよいので，自分なりの答えを考えてみよう。

1. これまでにどんな失敗を経験しましたか。また，その失敗から何を学びましたか。

［中央大学］

2. Is it better to make decisions on your own, or consult with other people?
（自分で物事を決めるのと，人に相談するのと，どちらがよいか）［福島大学］

3. What is the most important skill a person should learn in order to lead a happy and meaningful life in the world today? Choose one skill and give reasons to support your choice.（今の世界で幸せで意味のある人生を送るために身につけるべき最も大切なスキルは何か。1つ挙げて理由も述べなさい）［明治学院大学］

言語・
コミュニケーション①

TOPIC 10

スピーチのコツ

「彼女の話はスッと頭に入ってくるよね」「でも，彼の話は難しくて…」。話の分かり

やすさの違いは，どこから生まれるのだろうか。そんな疑問を意識しながら人の話

を注意深く聞くようにしてみたら，あなた自身の話し方も違ってくるかもしれない。

▌▌ Warm-up ┃ キーワードを知ろう　　　◀)) S 10-1

⊙ 次の ［　］ から適語を選んで，日本語に合う英文を完成させよう。

［ **refers / audience / concrete / speech / illustrate / abstract** ］

1. よいスピーチをする方法をあなたに教えましょう。
   I will tell you how to make a good (　　　　　).

2. 抽象的な語は具体的な語よりも難しい。
   (　　　　　) words are more difficult than (　　　　　) words.

3. 「サシミ」という単語は，スライスされた生の魚のことを指す。
   The word "sashimi" (　　　　　) to sliced raw fish.

4. その意味を実例で説明することはできますか。
   Can you (　　　　　) the meaning with an example?

5. 話のうまい人でさえ，おおぜいの聴衆の前では緊張する。
   Even a good speaker gets nervous before a large (　　　　　).

答え◁ 1. speech　2. Abstract, concrete　3. refers　4. illustrate　5. audience

⊙ 答えを確認したら音声を 3 回聞き，3 回音読しよう。

➔ まずは最後まで読んでみよう。大体の意味が分かったら，**Q** の答えを考えよう。

①When you make a speech, use more concrete words than abstract
[　　]　　　　　　　[　　]　　　　　　　　[　　]

words. ②Concrete words refer to things that can be experienced with
[　　]　　　　　　　　　　　　　　経験する

five senses, while abstract words such as justice or courage refer to things
五　感　　　　　　　～のような　　正　義　　勇　気

that cannot be explained in such a way. ③Of course, you need at least
説明する　　　　　　　　　　　　　　少なくとも

5　some abstract words to explain the ideas you are talking about. ④Be
考　え

careful, though, to always illustrate the meanings of any abstract words
しかし　　　　　　　[　　]　　　　　　　どんな～も

with concrete words. ⑤This will help your audience understand what you
Q　　　役立つ　　　　　[　　]

are trying to convey.
伝える

Q：7 行目 This の内容を，日本語で具体的に説明しよう。

■─┤ポ┆イ┆ン┆ト├──────────────

ℓ.2 refer to ～「～のことを示す；表す」

ℓ.3 ～, while …「～だが一方，…」▶対比を表す。

ℓ.4 Of course「もちろん」▶ここでは*ℓ.6* の though と呼応して，「もちろん～だが，しかし…」
という意味を表し，「…」の主張を強調する働きをする（譲歩＋主張のパターン）。

ℓ.5 be careful to *do*「～するように注意する」▶be careful と to の間の though は挿入。

ℓ.6 to always illustrate「常に説明するように」▶always は挿入。
illustrate ～ with …「～を…で（実例を示して）説明する」▶illustrate は「実例
や絵を示して explain する」ことをいう。

ℓ.7 help O *do*「O が～するのに役立つ」
your audience「あなたの話を聞いている人々［聴衆］」

【Q の答え】 抽象的な語の意味を，具体的な語で実例を示して説明すること。

➔ 答えを確認したら音声を 3 回聞き，3 回音読しよう。

⊙ 以下は前のページで見た文章である。音声を聞きながら空所を埋めよう。

1. I will tell you _____.

2. _____ are more difficult _____.

3. _____ sliced raw fish.

4. Can you _____ an example?

5. Even a good speaker _____.

　　　　　　　　　＊　　　　＊　　　　＊

①When _____, use _____
_____. ②Concrete words _____ with five senses, while abstract words such as justice or courage refer to things that cannot be explained in such a way. ③Of course, you need at least some abstract words to explain the ideas you are talking about. ④Be careful, though, to always _____ with concrete words. ⑤This will _____ what you are trying to convey.

[日本語訳] ①あなたがスピーチをするとき，抽象的な語よりも多くの具体的な語を使いなさい。②具体的な語は五感で経験できるものを指すが，一方で，例えば正義や勇気のような抽象的な語は，そのような方法では説明できない［←説明され得ない］物事を指す。③もちろん，あなたが話している考えを説明するためには，少なくともいくつかの抽象的な語が必要だ。④しかし，どんな抽象的な語の意味も常に具体的な語で実例を示して説明するように注意しなさい。⑤このことは，あなたが伝えようとしていることを聴衆が理解するのに役立つだろう。

→ 前で見た表現を使って日本語に合う英文を完成し，声に出して言ってみよう。

1. 私はおおぜいの**聴衆**の前で長い**スピーチ**をした。

   I _____ before _____.

2. 子どもに対しては**具体的な**語を使うように注意しなさい。

   Be _____ to children.

3. 「これ」は話し手の近くにあるもののことを**指す**。

   "This" _____ near the speaker.

4. 彼女はその単語の意味を絵で**説明した**。

   She _____ a picture.

5. 辞書は，**抽象的な**語をあなたが理解するのに**役立つ**でしょう。

   A dictionary will _____.

解答例 1. I made a long speech before a large audience.
2. Be careful to use concrete words to children.
3. "This" refers to a thing that is near the speaker.
4. She illustrated[explained] the meaning of the word with a picture.
5. A dictionary will help you understand abstract words.

→ 左ページの［日本語訳］を見ながら，元の英文を思い出してみよう。完璧でなくてもいいから，声に出しながらノートに書いてみて，最後に答え合わせをしよう。

┌───
思考力チャレンジ → 次の答えを日本語で言って／書いてみよう。英語で言って／書いてみよう。

・「サシミ（刺身）」は具体的な語？ 抽象的な語？

・「サシミ」の意味を知らない人に，できるだけ詳しく説明してみよう。
└───

TOPIC 11

沈黙の意味

怒られるかと思ったのに何も言われないから，かえって怖いということもよくある。

コミュニケーションとは，けっして言葉だけで行われるものではない。言葉以外の要

素にも気を配ることができて，初めて"コミュニケーション能力"はアップするのだ。

▮▮ Warm-up ｜ キーワードを知ろう　　　　　◀》S 11-1

→ 次の [ ] から適語を選んで，日本語に合う英文を完成させよう。

[**function / authority / imply / obedience / communication**]

1. ボディーランゲージはコミュニケーションの重要な一部である。
   Body language is an important part of (　　　　　　).

2. コミュニケーションは言語の主要な機能である。
   Communication is the main (　　　　　　) of language.

3. 彼の沈黙は同意を暗に意味しているのだろうか。
   Does his silence (　　　　　　) agreement?

4. 権威とは，命令したり決定したりする権力を意味する。
   (　　　　　　) means the power to give orders or make decisions.

5. 彼は黙ったままでいることで，服従を表した。
   He showed his (　　　　　　) by remaining silent.

答え 1. communication　2. function　3. imply　4. Authority　5. obedience

→ 答えを確認したら音声を３回聞き，３回音読しよう。

⊙ まずは最後まで読んでみよう。大体の意味が分かったら，Q の答えを考えよう。

①Silence is more than the lack of sound; ②it is a vital part of
沈黙　　　　　　　　　欠如　　　　　　　　　不可欠な

communication. ③Just like the spoken word, it fulfills the basic functions
　　　［　　］　　　　　　口に出される言葉　　　果たす　　　　　［　　　］

of language. ④Sometimes, silence is associated with the negative actions
　　　　　　　　　　　　　　　　　　　　　結びつける　　　　否定的な

of communication and implies anxiety. ⑤However, it also speaks of
　　　　　　　　　　　［　　］　　不安　　　　　　　　　　　　　　　　～を物語る

5　friendship, love, and security for people. ⑥Good friends can be together
　　　　　　　　　　　　安心感

and be silent. ⑦Another important thing that silence communicates is
　　　　　　　　　　　　　　　　　　　　　　　　　　　　　　伝える

power. ⑧Those who are in authority can control speech and silence.
権力　　　人々　　　　　　　　　［　　］　　　制御する

⑨Some people must remain silent before authority to show their obedience.
　　　　　　　　　～のままでいる　　～の前では　　　　　　　　　　　　［　　］

Q：4 行目 implies の主語は何か，文中から抜き出そう。

■─┤ポ　イ　ン　ト├────────────────────

ℓ.1　more than ～「～以上のものだ」→「単なる～ではない」

ℓ.4　imply「（暗に）～を意味する；含意する」
　　　also「また～も」▶前文の否定的な内容に対して，肯定的な例を挙げている。

ℓ.6　Another「もう 1 つの～」▶第④⑤文に対する追加。
　　　communicate「～を伝える」▶他動詞で，目的語は関係代名詞の that。

ℓ.7　in authority「権威ある地位の」
　　　control speech and silence「発言と沈黙を制御［支配］する」→「相手が話
　　　すか黙るかを決めることができる」

ℓ.8　obedience「服従；従順さ」< obey「従う」，obedient「従順な；素直な」

【Q の答え】　silence

────────────────────────────

⊙ 答えを確認したら音声を 3 回聞き，3 回音読しよう。

⊙ 以下は前のページで見た文章である。音声を聞きながら空所を埋めよう。

1. Body language is _____.

2. Communication is _____.

3. Does _____?

4. _____ give orders or make decisions.

5. He showed _____.

*　　　*　　　*

①Silence is more than the lack of sound; ②it is _____. ③Just like the spoken word, it fulfills _____. ④Sometimes, silence is associated with _____. ⑤However, it also speaks of friendship, love, and security for people. ⑥Good friends can be together and be silent. ⑦Another important thing that silence communicates is power. ⑧_____ control speech and silence. ⑨Some people must remain silent before authority _____.

[日本語訳] ①沈黙は音の欠如［音がないこと］以上のものである。②それは，コミュニケーションの不可欠な部分である。③口に出される言葉とちょうど同じように，それは言語の基本的な機能を果たす。④時には，沈黙は否定的なコミュニケーション行為と結びつけられ，不安を暗に意味する。⑤しかし，それはまた，人々への友情・愛情・安心感も物語る。⑥仲のよい友人たちは，一緒にいて黙っていることもできる。⑦沈黙が伝える，もう１つの重要なことは，権力である。⑧権威ある地位の人々は，発言と沈黙を制御することができる。⑨ある人々は，服従を示すために権威の前では黙ったままでいなければならない。

⊙ 前で見た表現を使って日本語に合う英文を完成し，声に出して言ってみよう。

1. 単語と沈黙の両方が，**コミュニケーション**の不可欠な部分である。

    Both words and silence _____.

2. 沈黙の主要な**機能**は何ですか。

    What is _____?

3. 時に沈黙は不安を**暗に意味する**と，私たちは知っています。

    We know that _____.

4. **権威**ある地位の人々は命令する権力を持っている。

    Those who _____ the power to give orders.

5. **服従**を表すために，彼女は黙ったままでいなければならなかった。

    She had to _____.

解答例 1. Both words and silence <u>are vital parts of communication</u>.
2. What is <u>the main function of silence</u>?
3. We know that <u>silence sometimes implies anxiety</u>.
4. Those who <u>are in authority have</u> the power to give orders.
5. She had to <u>remain silent to show her obedience</u>.

|| Output 2 | 英語で表現しよう ［パッセージ］

⊙ 左ページの［日本語訳］を見ながら，元の英文を思い出してみよう。完璧でなくてもいいから，声に出しながらノートに書いてみて，最後に答え合わせをしよう。

> 思考力チャレンジ ⊙次の答えを日本語で言って／書いてみよう。英語で言って／書いてみよう。
>
> ・コミュニケーションの不可欠な要素として，言葉や沈黙のほかに何がある？
> ・それはどんな機能を果たすもの？ 例えば，何を伝える？

言語・
コミュニケーション③

TOPIC 12
言語学習の時期

母語とは異なる言語を学ぶとき，その言語を「第二言語 (a second language)」
という。私たちの多くにとって英語は第二言語だ。第二言語を学び始めるのは早け
れば早いほどよいといわれるが，早期言語学習にはどんなメリットがあるのだろう。

||| Warm-up | キーワードを知ろう

🔊 S 12-1

⊙ 次の [ ] から適語を選んで，日本語に合う英文を完成させよう。

[**focus / mother tongue / advantage / acquire / interaction**]

1. 幼い子どもたちは言語学習において強みを持っている。
   Young children have an (　　　　　) in language learning.

2. 私はネイティブスピーカーとのやりとりを通じて英語を身につけた。
   I learned English through (　　　　　) with native speakers.

3. 多くの学生は第二言語のスキルを学校で習得する。
   Many students (　　　　　) second language skills in school.

4. あなたはまず発音を練習することに集中する方がいい。
   You should (　　　　　) on practicing pronunciation first.

5. 子どもたちは両親から自然に母語を学ぶ。
   Children learn their (　　　　　) naturally from their parents.

答え 1. advantage　2. interaction　3. acquire　4. focus　5. mother tongue

⊙ 答えを確認したら音声を 3 回聞き，3 回音読しよう。

⊙ まずは最後まで読んでみよう。大体の意味が分かったら，Q の答えを考えよう。

①When it comes to picking up a second language, young children
　　　～に関しては　　　　身につける

have an advantage. ②Rather than studying a language, they can learn it
　　　　　[　　]　　　　～よりむしろ　　勉強する　　　　　　　　　身につける

naturally through the play and interaction with speakers of that
自然に　　　　　　　　　　　　　　　　　　[　　]　　　　　　話者

language. ③It's easier for them to acquire native-level pronunciation
　　　　　　　　Q　　　　　　　　　　[　　]　ネイティブレベルの　　発音

5 skills, and they also get a better feel for the culture that comes with the
　　　　　　　　　　　　　　Q　　センス

language. ④Even though there are many benefits of early second language
　　　　　　～にもかかわらず　　　　　　　利点　　早期の

learning, some people believe it's more important for young children to

focus on learning their mother tongue.
[　　]　　　　　　　　　　[　　]

Q：4 行目 easier，5 行目 better は何と何の比較か，日本語で説明しよう。

◾️┌ポ｜イ｜ン｜ト┐

ℓ.1　when it comes to *doing*「～することに関しては；～することになると」
　　　pick up「（見聞きするなどして自然に）身につける」
ℓ.2　advantage「強み；優位な点；利点」
　　　study「（本や授業により教科などを）勉強する」▶ study も，同じ行の learn「（経験
　　　などによって知識や技術を）身につける；覚える」も，どちらも「学ぶ」と訳せるが，意味の
　　　違いに注意。
ℓ.5　get a feel for ～「～に対するセンス［理解力］を身につける；～をよく理解する」
　　　come with ～「～に伴う；付随する」
ℓ.6　early「早期の；早くからの」
ℓ.8　mother tongue「母語」▶子どもが最初に習得する言語。= native language

【Q の答え】「幼い子ども」と「それ以外の人（年上の子どもや大人）」との比較。

⊙ 答えを確認したら音声を 3 回聞き，3 回音読しよう。

⊙ 以下は前のページで見た文章である。音声を聞きながら空所を埋めよう。

1. Young children _____.

2. I learned English _____.

3. Many students _____ in school.

4. _____ first.

5. Children _____ from their parents.

*   *   *

①When it comes to picking up a second language, _____. ②Rather than studying a language, they can learn it naturally _____ of that language. ③It's easier for them _____, and they also get a better feel for _____. ④Even though there are many benefits of early second language learning, some people believe it's more important for young children _____.

[日本語訳] ①第二言語を身につけることに関しては，<u>幼い子どもに強みがある</u>。 ②言語を勉強するというよりも，彼らは，その言語の話者<u>との遊びややりとりを通じて</u>，自然に言語を身につけることができる。 ③彼らにとって，<u>ネイティブレベルの発音技術を習得するのは</u>（年上の子どもや大人と比べて）より容易であり，また彼らは，<u>言語に付随する文化</u>も（年上の子どもや大人と比べて）よりよく理解する。 ④早期の第二言語学習の利点が数多くあるにもかかわらず，一部の人は，幼い子どもにとっては<u>母語を学ぶことに集中すること</u>の方がより重要だと信じている。

Output 1 | 英語で表現しよう［単文］

→ 前で見た表現を使って日本語に合う英文を完成し，声に出して言ってみよう。

1. 彼らは言語学習においてどんな**強み**を持っていますか。

   What ＿＿＿＿＿＿＿＿＿＿＿＿＿＿＿＿＿＿＿＿＿＿？

2. 子どもたちは両親との**やりとり**を通じて言語を身につける。

   Children learn ＿＿＿＿＿＿＿＿＿＿＿＿＿＿＿＿＿＿＿＿.

3. 子どもたちにとってコミュニケーションスキルを**習得する**ことは重要だ。

   It is important ＿＿＿＿＿＿＿＿＿＿＿＿＿＿＿＿＿＿＿＿.

4. 私はまず，発音のスキルを向上させることに**集中した**。

   I ＿＿＿＿＿＿＿＿＿＿＿＿＿＿＿＿＿＿＿＿＿ first.

5. 第二言語を学ぶことは，あなたの**母語**を学ぶこととは違う。

   Learning a second language is ＿＿＿＿＿＿＿＿＿＿＿＿＿＿.

解答例 〈 1. What <u>advantage(s) do they have in language learning</u>?
2. Children learn <u>a language through interaction with their parents</u>.
3. It is important <u>for children to acquire communication skills</u>.
4. I <u>focused on improving my pronunciation skills</u> first.
5. Learning a second language is <u>different from learning your mother tongue</u>.

Output 2 | 英語で表現しよう［パッセージ］

→ 左ページの［**日本語訳**］を見ながら，元の英文を思い出してみよう。完璧でなくてもいいから，声に出しながらノートに書いてみて，最後に答え合わせをしよう。

┌───┐
思考力チャレンジ → 次の答えを日本語で言って／書いてみよう。英語で言って／書いてみよう。

・自分の経験を思い浮かべて，英語は何歳ごろから学ぶのがよいと思う？
・そのように思うのはなぜ？
└───┘

PICK UP

言語・コミュニケーション

過去の入試で実際に出題されたトピックに触れて，トピック力の幅を広げよう。

◆ ノンバーバル・コミュニケーション　[関西大学]

身ぶりや₁話者間の距離など，言葉によらないコミュニケーションを₂ノンバーバル［非言語］・コミュニケーションという。私たちは気持ちを表すために，よく₃顔の表情を使う。日本では相手の目を見ないのは₄尊敬のしるしだ。

1. distance between speakers
2. nonverbal communication
3. use facial expressions
4. a sign of respect

◆ ユーモアの大切さ　[宮城教育大学]

₁ユーモアのセンスを持つことは，個人的な関係でも，₂人前で話すときにも，重要だ。ユーモアがあれば，聞き手は₃あなたのメッセージをより受け止めやすくなる。₄聞き手との関係をよくするためには，面白い話をするとよい。

1. having a sense of humor
2. when speaking in public
3. more open to your message
4. improve your relationship with them

◆ 絵文字という言葉　[秋田県立大学]

₁インターネットでのやりとりは少し曖昧だが，絵文字が₂本音を言わせてくれる。絵文字は₃言語のように思えるが，文法もなく言語ではない。₄絵文字の創造的な使用者は若者だ。絵文字はネットの表記法として定着するかもしれない。

1. communicating over the Internet
2. let you speak your mind
3. seem like a language
4. creative users of emoji

◆ 赤ん坊の言語習得能力　[**名城大学**]

大人は 1.新しい言語を学ぶのに苦労するが，赤ん坊は 2.どんな言語でも身につ
ける準備ができており，3.言語運用能力を発達させて，4.複雑な文法規則や音
声を習得する。しかし言語を自然に学ぶ能力は 7 歳前後で失われてしまう。

1. have a tough time learning a new language

2. are prepared to learn any language

3. develop language skills

4. the complicated grammatical rules

◆ 言語と方言　[**関西大学**]

1.言語と方言には 2.言語学的に客観的な違いはない。有力な集団が話すのが言語
で，それ以外が方言とされる。また互いに 3.大きな困難なく通じれば，同じ言語
を話すといわれる。「言語」と「方言」には 4.政治的・社会的な含みがあるのだ。

1. a language and a dialect　　　2. linguistically objective difference

3. without too much difficulty　　4. political and social implications

英作文 ｜ 出題例 ｜　まずは日本語でよいので，自分なりの答えを考えてみよう。

1. What is the best age to start learning a foreign language? Give reasons for your
   opinion.（外国語を学び始めるのに最適な年齢は何歳か。理由も言いなさい）

[**明治学院大学**]

2. あなたは外国語を学ぶためにその言語が話されている国に行くとしたらどの国に行き
   たいか？　その国／言語を選択した理由は何か？　[**藤女子大学**]

3. Some people think that schools should focus on practicing communication skills
   rather than teaching grammar during English classes. Do you agree or disagree
   with this opinion? Why?（英語の授業では文法を教えるよりもコミュニケーション能
   力を訓練するべきだと考える人もいる。あなたはその考えに，賛成か反対か。その理
   由は？）[**下関市立大学**]

Part 2

現代社会 に生きる
Society

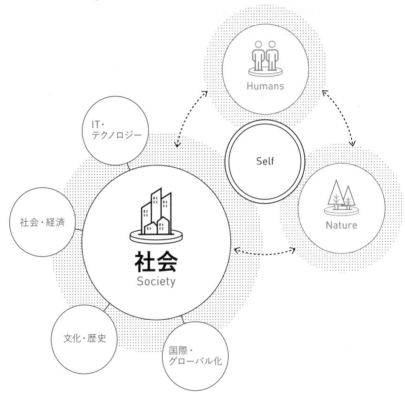

「人が3人集まると社会ができる」といわれる。
1対1の人間関係と比べてみれば, その複雑さはよく分かるだろう。
だとしたら, 1億2,000万人が作る日本の社会, 80億人が作るグローバル社会ならどうか。
Part 2では, 私たち1人ひとりがその一員である「現代社会」のさまざまな問題について考えてみたい。

○ IT・テクノロジー

13 ロボットと労働 / 14 SNSのリスク / 15 視覚機器の発達

Technologyは「科学技術」，ITは「情報技術」（Information Technology）のこと。現代社会になくてはならないと同時に，現代社会ならではの難題を生み出しているのもテクノロジーだ。入試で最新のテクノロジーの話題が取り上げられることも多いので，**日頃から関心を持ってニュースなども見ておこう。**

○ 社会・経済

16 流行をつくるのは誰か？ / 17 食品ロス / 18 高齢化と労働人口

現代社会の難しさは「関係者の多さ」にある。1つの商品が作られて消費者に届くまでにどれだけの人の手を経るか。流行の移り変わりも食品ロスの問題も，**多くの人が関わるモノやお金の流れ**と切り離せない。そうした社会の広がりや奥行きを常々意識していれば，〈トピック力〉は自然と向上するはずだ。

○ 文化・歴史

19 コーヒーと文化 / 20 アメリカンドリーム / 21 「道」の歴史

国や地域により文化が異なるのは，それぞれがたどってきた歴史が異なるから。その意味で，人間の営みの多様性を時系列で追ったものが歴史，空間的にマッピングしたものが文化といえるかもしれない。あたりまえと思っている身の回りの物事も，**歴史や文化の視点で見直したら意外な発見がある**に違いない。

○ 国際・グローバル化

22 グローバル英語 / 23 グローバル化と観光 / 24 カルチャーショック

global village（地球村）という言葉があるくらい，あらゆる人や社会が相互につながって1つの共同体を形作っているのが今の時代だ。ITや経済・文化などとも関連が深いグローバル化の問題。国際共通語である英語を学ぶ意味にも関わることから，**入試でも最もホットなトピックの1つになっている。**

TOPIC 13

ロボットと労働

石器や土器から始まって，人間は自分たちの助けになる道具を次々と作り出し，厳しい労働から少しずつ解放されてきた。そんな道具の遥かな進化の末にあるのが，現代のロボットや AI。「彼ら」がもたらしつつある期待と不安について考えてみよう。

▌▌ Warm-up │ キーワードを知ろう　　　　🔊 S 13-1

➔ 次の [　] から適語を選んで，日本語に合う英文を完成させよう。

[**automation / intelligence / shortage / efficiently / robots**]

1. あなたはロボットがすべての人間の仕事を代わりに行うと思いますか。
   Do you think (　　　　　) will take over all human jobs?

2. 人工知能は人間の労働に取って代わるかもしれない。
   Artificial (　　　　　) may replace human labor.

3. このロボットは，間違えることなく効率的に作業を行う。
   This robot performs tasks (　　　　　) without mistakes.

4. 自動化のおかげで，私たちはより多くの製品を作ることができる。
   We can make more products thanks to (　　　　　).

5. 多くの国が労働力不足に苦しんでいる。
   Many countries are suffering from a labor (　　　　　).

答え 1. robots　2. intelligence　3. efficiently　4. automation　5. shortage

➔ 答えを確認したら音声を 3 回聞き，3 回音読しよう。

➔ まずは最後まで読んでみよう。大体の意味が分かったら，Q の答えを考えよう。

①The workforce is undergoing a rapid transformation. ②Robots and
　　　労働力　　　　　　経　る　　　　　　　　　　変　化　　　　　　　　[　]　　Q

AI (artificial intelligence) are gradually replacing human labor, thanks to
　　　　人工の　　　　[　]　　　　　　　　次第に　　取って代わる　　　　　労　働　　　～のおかげで

their ability to perform many tasks efficiently with very few mistakes.
　　　　　　　　　　　行　う　　　　　作業　　　[　]　　　　　　　　　　　　間違い

③In countries with shrinking populations, automation may be considered
　　　　　　　　　　　　縮小する　　　人　口　　　　　[　]　　　　　　　見なす

5　a blessing as it helps make up for a serious labor shortage. ④However,
　　ありがたいもの　～なので　　　～ を 補 う　　深刻な　　　[　　]

some people are worried that intelligent robots could take over all
　　　　　　　　　心配して　　　　　　　　　　　　　　　　　　代わりに行う

human jobs. ⑤If there were no jobs left for humans to perform, how
　　　　　　　　　　　　　　　　　　　残されて

would people support themselves?
　　　　　　養　う

Q：1 行目 Robots and AI とほぼ同じ意味で用いられている語句はどれか。

■ ポ イ ン ト

ℓ.1　workforce「（国や地域の）労働力（の全体）；総労働人口」

ℓ.3　their ability to do「彼らの～する能力」

ℓ.4　may ～. However …「～かもしれない。しかし…」▶譲歩＋主張の定型表現。
　　　be considered ～「～と見なされる」▶consider O C の受動態。

ℓ.5　help do「～するのに役立つ」

ℓ.6　could「～こともありうる；～かもしれない」▶過去の意味ではないことに注意。

ℓ.7　If there were ～, how would people …▶仮定法過去の文。
　　　There is A left for B to do「B が～する（ための）A が残されている」

ℓ.8　support oneself「自分を養う」→「自活する；生活していく」

【Q の答え】　intelligent robots（ℓ.6）▶Robots and AI ～ replacing human labor が intelligent
　　　　　　　robots ～ take over all human jobs と言い換えられている。

➔ 答えを確認したら音声を 3 回聞き，3 回音読しよう。

→ 以下は前のページで見た文章である。音声を聞きながら空所を埋めよう。

1. Do you think _____ all human jobs?

2. _____ human labor.

3. _____ mistakes.

4. We can make _____.

5. Many countries _____.

*　　　　*　　　　*

①The workforce is undergoing a rapid transformation. ②_____ are gradually replacing human labor, thanks to their ability _____ with very few mistakes. ③In countries with shrinking populations, _____ a blessing as it helps _____. ④However, some people are worried that intelligent robots could take over all human jobs. ⑤If _____ for humans to perform, how would people support themselves?

[**日本語訳**] ①労働力は急速な変化を遂げつつある。②ロボットと AI（人工知能）が，ほとんど間違えることなく効率的に多くの作業を行う能力のおかげで，次第に人間の労働に取って代わりつつあるのだ。③人口が減少している国々[←縮小する人口を持った国々]では，自動化[オートメーション]は深刻な労働力不足を補うのに役立つので，ありがたいものと見なされるかもしれない。④しかし，一部の人々は，知能のあるロボットがすべての人間の仕事を代わりに行うこともありうると心配している。⑤もしも人間が行う（ための）仕事が残されていなかったら，人々はどうやって生活していくのだろうか。

||| Output 1 | 英語で表現しよう［単文］

⊙ 前で見た表現を使って日本語に合う英文を完成し，声に出して言ってみよう。

1. **ロボット**は，ほとんど間違えることなく多くの作業を行う。
   _____ very few mistakes.

2. 私は，人工**知能**がすべての人間の仕事を代わりに行えるとは思わない。
   _____ all human jobs.

3. **自動化**は，より多くの製品を**効率的に**作るのに役立つ。
   _____ more products _____.

4. 日本は深刻な労働力**不足**に苦しむでしょう。
   Japan will _____.

5. そのとき**人間が行う仕事**は何か残されているでしょうか。
   Will _____ to perform then?

解答例 1. <u>Robots perform many tasks with</u> very few mistakes.
2. <u>I don't think AI[artificial intelligence] can take over</u> all human jobs.
3. <u>Automation helps make</u> more products <u>efficiently</u>.
4. Japan will <u>suffer from a serious labor shortage</u>.
5. Will <u>there be any jobs left for humans</u> to perform then?

||| Output 2 | 英語で表現しよう［パッセージ］

⊙ 左ページの［日本語訳］を見ながら，元の英文を思い出してみよう。完璧でなくてもいいから，声に出しながらノートに書いてみて，最後に答え合わせをしよう。

┌───┐
思考力チャレンジ ⊙次の答えを日本語で言って／書いてみよう。英語で言って／書いてみよう。
・人間の代わりにロボットにはできないと思う仕事を1つ挙げてみよう。
・あなたがそう思うのはどんな理由からだろうか。
└───┘

IT・テクノロジー②

TOPIC 14

SNS のリスク

包丁は毎日の料理に欠かせないが，うっかりすると指を切る。道具にはそんな二面性がある。SNS などの IT（情報技術）も日々の生活に不可欠の道具。でも，その便利さのあまり，知らないうちに自分を危険にさらしてはいないだろうか。

‖ Warm-up ｜ キーワードを知ろう ◀)) S 14-1

⊙ 次の ［ ］から適語を選んで，日本語に合う英文を完成させよう。

［ **privacy / communicate / concerned / online / risk** ］

1. このオンラインのサービスはスマホで利用できる。
   You can use this (　　　　　　) service on your smartphone.

2. E メールのおかげで私たちはお互いに即座にやりとりすることができる。
   E-mail allows us to (　　　　　　) with each other immediately.

3. 親たちは幼い子どもがソーシャルメディアを使うことを心配している。
   Parents are (　　　　　　) about young children using social media.

4. この新しいサービスを使うことに危険性はありますか。
   Is there any (　　　　　　) in using this new service?

5. インターネットでは自分のプライバシーを守ろうとするべきです。
   You should try to protect your (　　　　　　) on the Internet.

答え 1. online　2. communicate　3. concerned　4. risk　5. privacy

⊙ 答えを確認したら音声を 3 回聞き，3 回音読しよう。

→ まずは最後まで読んでみよう。大体の意味が分かったら，Q の答えを考えよう。

①Social Networking Services (SNS), online services that allow users to
[   ]
communicate with others, are used by a growing number of young
[   ]   Q   増加しつつある
people to keep in touch with friends and family. ②However, this rise in
連絡   増加
the use of SNS by young people has been accompanied by increasing
Q   伴 う
5 anxiety among parents and teachers. ③They are concerned about
不 安   [   ]
whether young users are prepared for the risks that come with using
準備ができて   [   ]
SNS, including privacy issues and unwelcome contact.
[   ] 問 題   出会い

Q：2 行目 are，4 行目 has been の主語を，それぞれ文中から抜き出そう。

ポイント

ℓ.1 Social Networking Services (SNS) ▶social networking sites とも言う。同じ意味で日
常的には social media（ソーシャルメディア）と言うことが多い。
..., online services 〜 ▶コンマ以下は前の語句の言い換え（同格）。
online「オンラインの；ネット上の」
allow O to *do*「O が〜することを可能にする」
ℓ.2 a growing number of 〜「増加しつつある数の〜」→「〜が増えている」
ℓ.3 keep in touch with 〜「〜と（継続的に）連絡を取り合う」
ℓ.4 be accompanied by 〜「〜に伴われる；〜を伴う；〜と同時に起こる」
increasing「増加する〜」= growing ▶形容詞。
ℓ.6 whether 〜「〜かどうか（ということ）」▶名詞節を導く接続詞。
come with 〜「〜に伴って起こる；〜に付き物である」
ℓ.7 unwelcome「歓迎されない；ありがたくない」

【Q の答え】 2 行目 are の主語 = Social Networking Services (SNS)
4 行目 has been の主語 = this rise (in ... by young people)

→ 答えを確認したら音声を 3 回聞き，3 回音読しよう。

Input 2 | 聞き取ってみよう

S 14-1, S 14-2

⊙ 以下は前のページで見た文章である。音声を聞きながら空所を埋めよう。

1. You can use this _____.

2. E-mail _____ each other immediately.

3. Parents are _____ social media.

4. _____ this new service?

5. You should _____ on the Internet.

*   *   *

①Social Networking Services (SNS), _____ users _____, are used by a growing number of young people to keep in touch with friends and family. ②However, this rise in the use of SNS by young people has been accompanied by increasing anxiety among parents and teachers. ③They are _____ _____ are prepared for _____ using SNS, _____ unwelcome contact.

[日本語訳] ①ソーシャル・ネットワーキング・サービス（SNS）は，ユーザーが他の人々とやりとりすることを可能にするオンラインのサービスで，友達や家族と連絡を取り合うために利用する若い人の数が増加している。②しかし，若い人々によるSNSの利用がこのように増加していることに伴って，親や教師の間で不安が増している。③彼らは，プライバシーの問題や歓迎されざる出会いを含めた，SNS利用に付き物の危険性に対して，若いユーザーたちが準備できているかどうか，心配しているのである。

74　TOPIC 14

→ 前で見た表現を使って日本語に合う英文を完成し，声に出して言ってみよう。

1. この**オンラインの**サービスは多くの若者に利用されている。

   This _____ a lot of young people.

2. インターネットのおかげであなたは世界中の人と**やりとりする**ことができる。

   The Internet _____ all over the world.

3. 私は，あなたがその**危険性**に対して準備ができているか，**心配して**いる。

   I'm _____ you are _____.

4. 私たちは自分の**プライバシー**をどう守ればいいかを学ぶべきだ。

   We should learn _____.

5. お互いに**連絡**を取り合いましょう。

   Let's _____ other.

解答例 〈
1. This <u>online service is used by</u> a lot of young people.
2. The Internet <u>allows you to communicate with people</u> all over the world.
3. I'm <u>concerned about whether</u> you are <u>prepared for the risk(s)</u>.
4. We should learn <u>how to protect our privacy</u>.
5. Let's <u>keep in touch with each</u> other.

||| Output 2 | 英語で表現しよう［パッセージ］

→ 左ページの［日本語訳］を見ながら，元の英文を思い出してみよう。完璧でなくてもいいから，声に出しながらノートに書いてみて，最後に答え合わせをしよう。

思考力チャレンジ   → 次の答えを日本語で言って／書いてみよう。英語で言って／書いてみよう。

・インターネットやスマホを使う際の危険性の例を1つ挙げてみよう。
・その危険性に対してあなたにはどんな対策が可能だろうか？

TOPIC 15

視覚機器の発達

望遠鏡も顕微鏡もカメラもなかった頃，人々には世界がどんなふうに見えていたか。

もし地球の青さもウイルスの脅威も知らず，身の回りに写真も動画も存在しなかっ

たとしたら，あなたの生活は，意識は，今とどう違っているだろうか。

Warm-up | キーワードを知ろう　　　S 15-1

➔ 次の [　] から適語を選んで，日本語に合う英文を完成させよう。

[**device / invisible / senses / technology / enable**]

1. 科学技術は私たちのものの考え方を大きく変えてきた。

   (　　　　　　　　) has greatly changed our ways of thinking.

2. 顕微鏡は，小さなものを大きく見えるようにする装置である。

   A microscope is a (　　　　　　　) that makes small things look large.

3. 私たちは世界に関する情報を集めるために 5 つの感覚（五感）を使う。

   We use our five (　　　　　　　) to gather information about the world.

4. エックス線は，私たちが物体の内部を見ることを可能にする。

   X-rays (　　　　　　　) us to look inside an object.

5. その星は肉眼には見えない。

   The star is (　　　　　　　) to the naked eye.

答え　1. Technology　2. device　3. senses　4. enable　5. invisible

➔ 答えを確認したら音声を 3 回聞き，3 回音読しよう。

⊙ まずは最後まで読んでみよう。大体の意味が分かったら，Q の答えを考えよう。

①History teaches us that technology and associated discoveries have
　　　　　　　　　　　　　　[　　]　　　　　　　　　関連する
changed how we understand the world. ②Many technological devices
　　　　　⎯⎯⎯⎯⎯⎯⎯⎯⎯⎯⎯⎯⎯⎯　　　　　　　　　　　　　　　　　[　　]
　　　　　　　　　　Q
provide additional range and power to our natural capacities, such as
提供する　　付加的な　　範囲　　　　　　　　　　生まれながらの　　能 力
our five senses. ③Among these devices, many enable us to see things that
　　　　[　　]　　　　　　　　　　　　　　　　　　　　[　　]
5 we cannot see with the naked eye. ④This change from invisible to visible
　　　　　　　　　　　　裸の　　　　　　　　　　　　　　　　　　[　　]
has led to tremendous growth in our comprehension of the world and
　　　　　とてつもない　　増 大　　　　　　　理 解
has strongly influenced our ways of thinking.
　　　　　　影響する　　　　　ものの考え方
　　　　　　　　　Q：2 行目の下線部と同じ意味の語句を，同じ語数で文中から抜き出そう。

■ ─┤ポ イ ン ト├─────────────────────────────
　ℓ.1 technology「科学技術；テクノロジー」＞ technological「科学技術の」
　　　associated discoveries「（科学技術に）関連する発見」→「科学技術による発見」
　　　　＝ discoveries associated with technology
　ℓ.3 provide 〜 to ...「…に〜を与える；付け加える」
　　　additional「追加の；付加的な」＜ add「加える」，addition「追加（物）」
　ℓ.4 five senses「五感」▶sight（視覚），smell（嗅覚），hearing（聴覚），taste（味覚），touch（触
　　　覚）の 5 つの感覚。
　　　many ＝ many devices▶具体的には望遠鏡や顕微鏡などのことを言っている。
　　　enable O to *do*「O が〜することを可能にする」
　ℓ.6 lead to 〜「〜につながる；〜を引き起こす」
　　　comprehension「理解（力）」＜ comprehend「理解する」

　【Q の答え】 our comprehension of the world（*ℓ.6*）

⊙ 答えを確認したら音声を 3 回聞き，3 回音読しよう。

➲ 以下は前のページで見た文章である。音声を聞きながら空所を埋めよう。

1. _____ our ways of thinking.

2. A microscope _____ small things look large.

3. We _____ information about the world.

4. X-rays _____ an object.

5. The star is _____.

＊　　　＊　　　＊

①History teaches us that _____ how we understand the world. ②_____ additional range and power to our natural capacities, _____. ③Among these devices, _____ things that we cannot see with the naked eye. ④This _____ has led to tremendous growth in our comprehension of the world and has strongly influenced our ways of thinking.

[日本語訳] ①科学技術とそれに関連する発見が，私たちが世界を理解するやり方を変えてきたことを，歴史は私たちに教えてくれる。②多くの科学技術的な装置が，五感のような私たちの生まれながらの能力に，付加的な範囲と力を与えてくれる［→多くの科学技術的な装置のおかげで，五感のような私たちの生まれながらの能力の範囲が広がり，能力が高まる］。③これらの装置のうち，多くのものが，肉眼では見えないものを見ることを可能にしてくれる。④この「見えない」から「見える」への変化は，世界に対する私たちの理解の大幅な増大につながっており，私たちのものの考え方に強く影響している。

➔ 前で見た表現を使って日本語に合う英文を完成し，声に出して言ってみよう。

1. 歴史は，**科学技術**が新しい発見につながることを私たちに教えてくれる。

＿＿＿＿＿＿＿＿＿＿＿＿＿＿＿＿＿＿＿＿ leads to new discoveries.

2. 世界を理解するために，**五感**を使いなさい。

Use ＿＿＿＿＿＿＿＿＿＿＿＿＿＿＿＿＿＿＿ the world.

3. カメラは，私たちが過去に起こったことを見ることを**可能にしてくれる**。

The camera ＿＿＿＿＿＿＿＿＿＿＿＿＿ that happened in the past.

4. それらの**装置**は，**見えない**ものを見えるようにする。

Those ＿＿＿＿＿＿＿＿＿＿＿＿＿＿＿＿＿＿＿ visible.

5. 新しい発見は常に人々の**ものの考え方**を変えてきた。

New discoveries have always ＿＿＿＿＿＿＿＿＿＿＿＿＿＿＿.

解答例 1. <u>History teaches us that technology</u> leads to new discoveries.
2. Use <u>your five senses to understand</u> the world.
3. The camera <u>enables us to see things</u> that happened in the past.
4. Those <u>devices make invisible things</u> visible.
5. New discoveries have always <u>changed people's ways of thinking</u>.

||| Output 2 | 英語で表現しよう［パッセージ］

➔ 左ページの［日本語訳］を見ながら，元の英文を思い出してみよう。完璧でなくてもいいから，声に出しながらノートに書いてみて，最後に答え合わせをしよう。

思考力チャレンジ ➔ 次の答えを日本語で言って／書いてみよう。英語で言って／書いてみよう。

・身近な technological device の例を1つ挙げてみよう。
・それは五感のうちのどれを，どんなふうに強化してくれているだろうか。

PICK UP

IT・テクノロジー

過去の入試で実際に出題されたトピックに触れて，トピック力の幅を広げよう。

◆ テクノロジー中毒の危険性　[**尾道市立大学**]

> 子どもの 1.テクノロジー中毒が懸念される。親が 2.デジタル端末を手放せずに
> いると，子どももそれをまねするようになり，3.学校の成績の低下といった悪
> 影響がある。食事のときは端末を使わないなど 4.健全なメディア習慣が大切だ。

1. technology addiction
2. digital devices
3. worse performance in school
4. healthy media habits

◆ 新たな産業革命　[**滋賀県立大学**]

> AI とロボット工学が新たな 1.産業革命を起こしつつある。AI に奪われる仕事
> もあるだろうが，販売員や介護者のような 2.対人スキルに関わる仕事は機械に
> はできない。過去にも，3.科学技術の進歩は 4.新しい雇用機会を生み出した。

1. industrial revolution
2. interpersonal skills
3. advances in technology
4. created new employment opportunities

◆ 自動運転車　[**成蹊大学**]

> 1.自動運転車は移動を楽しく安全にすると期待されているが，誤作動などの 2.新
> たなリスクをもたらす可能性がある。科学技術は 3.誤りをなくすものではない。
> 開発を急ぎすぎると，4.多くの予期しない問題を引き起こすだろう。

1. self-driving cars
2. introduce new risks
3. eliminate errors
4. lead to many unforeseen problems

◆ ウェブコンテンツの偏り　[**法政大学**]

> ₁インターネットへのアクセスは急速に普及しているが, ₂ウェブコンテンツは欧米諸国に偏っている。₃インターネットをより多様なものにするため, ユーザーである私たちはそこに示されている ₄ものの見方を疑ってみる責任がある。

1. access to the Internet
2. web content
3. make the Internet more diverse
4. question the perspectives

◆ ナノテクノロジー　[**名城大学**]

> ₁ナノテクノロジーとは, ₂原子くらいのスケールで素材を作る技術のことであり, 世界中で ₃衣料・コンピューター・医学などの分野での活用が図られている。正しく使えば, ナノテクノロジーは ₄世界を劇的に変化させるだろう。

1. nanotechnology
2. build materials at an atomic scale
3. clothing, computing and medicine
4. change our world in dramatic ways

英作文 出題例　まずは日本語でよいので, 自分なりの答えを考えてみよう。

1. あなたの身近にあるもののなかで, 素晴らしいと思う発明を一つ挙げ, その理由とともに英語で説明しなさい。[**中央大学**]

2. What are the dangers of SNS applications, such as LINE? Give examples and reasons for your opinion. (SNS アプリの危険性とは何か。あなたの意見の実例と理由を書きなさい) [**青山学院大学**]

3. Many people may lose their jobs in the future because computers can do their work faster and more accurately. In your opinion, which jobs will NOT be replaced by computers? (コンピューターの方が速く正確に仕事ができるため, 将来, 多くの人が仕事を失うかもしれない。コンピューターに取って代わられることのない仕事とは何だと思うか) [**明治学院大学**]

TOPIC 16

社会・経済①

流行を作るのは誰か？

日々さまざまな新製品が発売され，新しい流行が生まれる。それらを作り出しているのは誰か。誰の手を通じてあなたのところまで届くのか。あなたはなぜそれを買ったのか。身の回りのものに目をとめて，思い巡らしてみよう。

▋▋ Warm-up ┃ キーワードを知ろう

🔊 S 16-1

(➔) 次の [　] から適語を選んで，日本語に合う英文を完成させよう。

[**influence / consumer / trends / press / public**]

1. 彼女は最新のファッションの流行を追うのが好きだ。
   She likes to follow the latest fashion (　　　　　).

2. 広告は，私たちが何を買うかに大きく影響を与える。
   Advertisements greatly (　　　　　) what we buy.

3. 報道機関 [マスコミ] が，そのファッションショーについて報道した。
   The (　　　　　) reported on the fashion show.

4. ファッション評論家たちが，新しい流行を大衆に紹介した。
   Fashion critics introduced new trends to the (　　　　　).

5. 消費者とは，ものを買ったりサービスを利用したりする人である。
   A (　　　　　) is someone who buys things or uses services.

答え〈 1. trends　2. influence　3. press　4. public　5. consumer

(➔) 答えを確認したら音声を3回聞き，3回音読しよう。

→ まずは最後まで読んでみよう。大体の意味が分かったら，**Q** の答えを考えよう。

①Who sets fashion trends? ②Of course, designers create fashions that
　　作る　　　　　　[　　]　　　　　　　　　　　　　　　　作り出す

<u>they</u> hope will become trendy, but others can greatly influence whether
　Q　　　　　　　　最新流行の　　　　　　　　　　　　　　[　　]　　～かどうか

this happens. ③Five or six months ahead of each new season, the press
　　　　　　　　～より前に　　　　　　　　流行期　　　[　　]

attends fashion shows and then reports on trends <u>they</u> think their readers
参加する　　　　　　　　　その後　報道する　　　　　　Q

5　will be interested in. ④Celebrities and fashion critics are usually the first
　　　　　　　　　　　　有名人　　　　　　批評家　　　　　　　　　最初の人

to introduce new looks, encouraging the public to accept emerging
　　　　　　流行の型　そして～を促す　　　[　　]　　　　　　新しく現れた

trends. ⑤But ultimately, it is you, the consumer, who will decide what is
　　　　　最終的には　　　　　　　　　　　　　　[　　]

"in" when you choose whether or not to follow a trend.
流行して　　　　　　　　　　　　　　追う

Q：2行目，4行目 they はそれぞれ何を指すか，文中から抜き出そう。

■┤ポ｜イ｜ン｜ト├

$\ell.1$　fashions that (they hope) will become trendy「流行するだろう（と彼らが望む）
　　　ファッション」▶they hope をカッコに入れて考える。

$\ell.3$　the press「報道機関［マスコミ］（の人々）」▶集合名詞。続く動詞は単数扱い (attend**s**,
　　　report**s**) されているが，次行では代名詞 they, their で受けている。

$\ell.4$　trends (that) (they think) their readers will ～「読者が～だろう （と彼らが考
　　　える）流行」▶関係代名詞 that を補い，they think をカッコに入れて考える。

$\ell.5$　the first to do「～する最初の人」▶不定詞の形容詞的用法。

$\ell.7$　it is you who ～「～するのはあなただ」▶強調構文。the consumer は you と同格。前
　　　後のコンマに注意する。

$\ell.8$　whether or not to do「～すべきかどうか」

【**Q の答え**】　2行目 = designers （$\ell.1$）　　　4行目 = the press （$\ell.3$）

→ 答えを確認したら音声を 3 回聞き，3 回音読しよう。

⊙ 以下は前のページで見た文章である。音声を聞きながら空所を埋めよう。

1. She likes to _____.

2. Advertisements _____.

3. _____ the fashion show.

4. Fashion critics _____.

5. _____ or uses services.

*　　　　*　　　　*

①_____? ②Of course, designers create fashions that they hope will become trendy, but others can _____. ③Five or six months ahead of each new season, _____ and then reports on trends they think their readers will be interested in. ④Celebrities and fashion critics are usually the first to introduce new looks, _____ emerging trends. ⑤But ultimately, _____, who will decide what is "in" when you choose whether or not to follow a trend.

[日本語訳] ①誰がファッションの流行を作るのか。②もちろん，デザイナーは最新流行になってほしいと望むファッションを作り出すが，他の人々も，これが起こる［最新流行になる］かどうかに大きく影響を与えうる。③それぞれの新しいシーズン［流行期］より5〜6か月前に，報道機関［マスコミ］はファッションショーに参加して，読者が興味を持つだろうと考える流行を報道する。④有名人やファッション評論家は，たいてい，新しい流行の型を紹介する最初の人であり，新しく現れた流行を大衆が受け入れるよう促す。⑤しかし，最終的には，ある流行を追うべきかどうか選択をするときに，何が「来て」いるかを決めるのは，消費者であるあなたなのだ。

⊙ 前で見た表現を使って日本語に合う英文を完成し，声に出して言ってみよう。

1. 若い人たちはこのファッションの**流行**を熱心に追っている。

   Young people are eagerly _____.

2. ファッションの流行は，あなたが何を着るかに**影響を与える**。

   Fashion trends _____.

3. **報道機関**はそのファッションショーに参加し，それについて報道した。

   _____ and reported on it.

4. **大衆**はその新製品に興味を持つだろう。

   _____ the new product.

5. **消費者**はしばしば最新流行のものを買いたがる。

   _____ what is trendy.

| 解答例 | 1. Young people are eagerly <u>following this fashion trend</u>.
2. Fashion trends <u>influence what you wear</u>.
3. <u>The press attended the fashion show</u> and reported on it.
4. <u>The public will be interested in</u> the new product.
5. <u>Consumers often want to buy</u> what is trendy.

||| Output 2 | 英語で表現しよう ［パッセージ］

⊙ 左ページの［日本語訳］を見ながら，元の英文を思い出してみよう。完璧でなくてもいいから，声に出しながらノートに書いてみて，最後に答え合わせをしよう。

┌───┐
│ 思考力チャレンジ ⊙ 次の答えを日本語で言って／書いてみよう。英語で言って／書いてみよう。│
│ ・あなたは何かを買うとき，流行を気にする？ 気にしない？ │
│ ・それはどうして？ │
└───┘

 社会・経済②

TOPIC 17

食品ロス

食べられるはずの食品が廃棄されてしまう「食品ロス」。それは，生産・加工から家庭や飲食店での消費に至るすべての過程で発生する。環境への影響だけでなく，国の食料政策にも関わる重大な問題として，今，世界的に議論を呼んでいる。

‖ Warm-up ｜ キーワードを知ろう

◀)) S 17-1

⊙ 次の [ ] から適語を選んで，日本語に合う英文を完成させよう。

[awareness / waste / security / hunger / garbage]

1. 世界中で約 8 億人が飢えに苦しんでいる。
   About 800 million people suffer from (　　　　　) around the world.

2. 彼は悪くなった魚をごみ捨て場に捨てた。
   He threw the spoiled fish into the (　　　　　) dump.

3. その店は食品廃棄物を減らす努力をしている。
   The store is making an effort to reduce food (　　　　　).

4. そのニュースは食料問題に関する意識を高めた。
   The news raised (　　　　　) about food problems.

5. 「食料安全保障」とは，誰もがいつでも必要な食料を入手できることを意味する。
   "Food (　　　　　)" means that everyone has access to necessary food at any time.

答え 1. hunger　2. garbage　3. waste　4. awareness　5. security

⊙ 答えを確認したら音声を 3 回聞き，3 回音読しよう。

→ まずは最後まで読んでみよう。大体の意味が分かったら，**Q** の答えを考えよう。

①Even though world hunger affects about 800 million people,
〜にもかかわらず　　　　　[　]　　影響を与える

one-third of the world's food gets wasted. ②Some of it spoils in fields or
3分の1　　　　　　　　　　　無駄にする　　　　　**Q**　傷　む　　　畑

in storage, and some doesn't get bought, so it gets thrown into the
貯　蔵　　　　　　　　　　　　　　　　　　　**Q**

garbage dump. ③In an effort to reduce food waste, France passed a law
[　]　　　　　　努　力　　　　　[　]　　　　可決する

5　requiring large grocery stores to give away food that could not be sold.
要求する　　　　　食料雑貨店　　　無料で提供する

④The law has not only benefited the hungry, but it has also raised
利益を与える　　飢えた人々　　**Q**　　　　　高める

consumer awareness about food security.
[　]　　　　　　　　[　]

Q：2行目，3行目，6行目の it はそれぞれ何を指すか，日本語で説明しよう。

■ ┌ ポ｜イ｜ン｜ト ┐

ℓ.1 Even though 〜「〜にもかかわらず」▶though の強調で，逆接・譲歩を表す。

ℓ.2 gets wasted「無駄にされる；廃棄される」▶〈get ＋過去分詞〉は一種の受動態で，
動作の意味を表す。次行の get bought, gets thrown も同様。

Some of it 〜, and some ...「その一部は〜，そしてまた一部は…」

ℓ.4 garbage「ごみ」▶「ごみ」の中でも主に「生ごみ」を指す。

waste「廃棄物；不要物」▶「廃液」や「排泄物」などのことも言う。

a law requiring O to *do*「〜するよう O に要求する法律」▶requiring は現在分詞。

ℓ.5 give away 〜 / give 〜 away「〜を無料で与える；寄付する」

ℓ.6 the hungry「飢えた人々」▶〈the ＋形容詞〉で「〜な人々」の意味を表す。

ℓ.7 food security「食料安全保障；フードセキュリティー」▶security は「危険や心配
のないこと」を言う。

【Q の答え】　2行目 it ＝ 世界の食料の（廃棄されてしまう）3分の1。
　　　　　　　3行目 it ＝ 畑や倉庫で傷んでしまう食料や買われない食料。
　　　　　　　6行目 it ＝ 売れない食料の無料提供を大店舗に要求する法律。

→ 答えを確認したら音声を3回聞き，3回音読しよう。

➔ 以下は前のページで見た文章である。音声を聞きながら空所を埋めよう。

1. About 800 million people _____.

2. He threw _____.

3. The store is making _____.

4. The news _____.

5. _____ access to necessary food
at any time.

*   *   *

①_____ about 800 million people, one-third of
the world's food gets wasted. ②Some of it spoils in fields or in storage, and
some doesn't get bought, so _____. ③In _____
_____, France _____ large
grocery stores to give away food that could not be sold. ④The law has not
only benefited the hungry, but it has also raised _____
_____.

［日本語訳］①世界の飢えが約８億人に影響を与えているにもかかわらず，世界の食
料の３分の１が廃棄される。②その一部は，畑で，あるいは貯蔵中に傷んでしまい，
そしてまた一部は買ってもらえないために，ごみ捨て場に捨てられる。③食品廃棄物
を減らそうと努力して，フランスは，大きな食料雑貨店［スーパーマーケット］に，
売ることのできない食料を無料提供するよう要求する法律を可決した。④その法律は，
飢えた人々に利益を与えただけでなく，食料安全保障についての消費者意識も高めた。

*国連食糧農業機関（FAO）では，生産段階から流通段階（小売・外食の直前まで）で失われるも
のを food loss，小売・外食段階から消費者の段階で失われるものを food waste と呼んでいる。
日本語の「食品ロス」はその両者を含めて使われることが多い。

➔ 前で見た表現を使って日本語に合う英文を完成し，声に出して言ってみよう。

1. 日本にも，**飢え**に苦しんでいる人たちがいる。

   Some people _____, too.

2. 多くの食べ物が，**ごみ捨て場**に捨てられる。

   A lot of _____.

3. 私たちは食品**廃棄物**を減らす努力をすべきだ。

   We _____.

4. そのニュースは，食料**安全保障**に関する私たちの**意識**を高めた。

   The news _____.

5. その法律は，食料雑貨店に，その食料を無料提供するよう**要求する**。

   The law _____ the food away.

解答例
1. Some people <u>suffer from hunger in Japan</u>, too.
2. A lot of <u>food gets[is] thrown into the garbage dump</u>.
3. We <u>should make an effort to reduce food waste</u>.
4. The news <u>raised our awareness about food security</u>.
5. The law <u>requires grocery stores to give</u> the food away.

||| Output 2 | 英語で表現しよう ［パッセージ］

➔ 左ページの［日本語訳］を見ながら，元の英文を思い出してみよう。完璧でなくてもいいから，声に出しながらノートに書いてみて，最後に答え合わせをしよう。

思考力チャレンジ ➔ 次の答えを日本語で言って／書いてみよう。英語で言って／書いてみよう。

・あなたの身の回りにある，食品ロスの例を挙げてみよう。
・それは，どのようにすれば減らしたりなくしたりできるだろうか。

社会・経済③

TOPIC 18

高齢化と労働人口

65歳以上の高齢者が日本の人口に占める割合は，50年前には10%以下だったのが，現在では約30%。一方，子どもの年間出生数は，50年前の約200万人から，現在では100万人を割り込んでいる。少子高齢化は日本に何をもたらすのだろうか。

Warm-up | キーワードを知ろう

S 18-1

➲ 次の [　] から適語を選んで，日本語に合う英文を完成させよう。

[**government / aging / workforce / retired / birth rate**]

1. 日本は高齢化する人口のために社会問題に直面している。
   Japan is facing social problems due to an (　　　　　　) population.

2. 日本の出生率はこの50年間で低下している。
   Japan's (　　　　　　) has declined in the last 50 years.

3. 女性は労働人口の約半分を占めている。
   Women make up about half of the (　　　　　　).

4. 彼女は65歳でその会社を退職した。
   She (　　　　　　) from the company at the age of 65.

5. 政府は，新しい法律を通そうとしている。
   The (　　　　　　) is attempting to pass a new law.

答え　1. aging　2. birth rate　3. workforce　4. retired　5. government

➲ 答えを確認したら音声を3回聞き，3回音読しよう。

90　TOPIC 18

➔ まずは最後まで読んでみよう。大体の意味が分かったら，Q の答えを考えよう。

①With an aging population and a birth rate that has declined
　　　[　　]　　　　人口　　　　　　　　　　　[　　]　　　　　　低下する

significantly in the last 50 years, Japan is struggling to support its
著しく　　　　　　　最も近い　　　　　　　　　　奮闘努力する

social security system. ②Typically, the money that a workforce contributes
社会保障　　　　　一般的に　　　　　　　　　[　　]　　　提供する

to social security gets paid to those who have already retired. ③However,
　　　　　　　　　　　　　　　　　　　　　　　　　　[　　]

5　when too many people are retired and not enough young people are

entering the workforce, those funds can fall short. ④That's why
入る　　　　　　　　Q　資金　　不足して　　そういう理由で〜

the government has been attempting to raise the retirement age from 65
　　[　　]　　　　　　　　　　試みる　　　　上げる　　　退職

to 70.

Q：6 行目の those funds が指している語句を抜き出そう。

ポイント

ℓ.1　With 〜「〜を持って；〜を抱えて」▶背景的な状況や理由を表す。
　　　aging「高齢化している；年老いてきた」▶動詞 age（年を取る）の現在分詞から。
ℓ.2　significantly「著しく；かなり」< significant「重要な；かなりの」
　　　struggle to do「〜しようと奮闘努力［苦闘］する」
ℓ.3　social security system「社会保障制度」▶ここでは主に「公的年金」のこと。
　　　workforce「労働人口；労働力」▶国や会社などの労働者数の全体。
ℓ.4　retire「退職［引退］する」▶「退職［引退］する」という〈動作〉を表す。それに対して，
　　　「（すでに）退職［引退］している」という〈状態〉は be retired（ℓ.5）で表す。
ℓ.5　too many 〜 and not enough ...▶対比的な表現に注意。
ℓ.6　fall short「不足する」
　　　That's why 〜「それが〜する理由だ；だから〜なのだ」▶why は関係副詞。

【Q の答え】　the money that a workforce contributes to social security（ℓ.3）

➔ 答えを確認したら音声を 3 回聞き，3 回音読しよう。

➔ 以下は前のページで見た文章である。音声を聞きながら空所を埋めよう。

1. Japan is facing social problems _____.

2. _____ in the last 50 years.

3. Women make up _____.

4. _____ at the age of 65.

5. _____ pass a new law.

＊　　　＊　　　＊

①With _____ that has declined significantly in the last 50 years, _____ its social security system. ②Typically, the money that _____ gets paid to _____. ③However, when too many people are retired and not enough young people are entering the workforce, those funds can fall short. ④That's why _____ raise the retirement age from 65 to 70.

［日本語訳］①高齢化する人口と，この50年で著しく低下した出生率を抱えて，日本は社会保障制度を維持しようと奮闘努力している。②一般的に，労働力が社会保障のために提供するお金は，すでに退職した人々に支払われる＊。③しかし，退職している人があまりに多く，労働人口に加わる若い人々が十分でない場合，その資金は不足しかねない。④そういう理由で，政府は退職年齢［定年］を65歳から70歳に引き上げようと試みてきているのだ。

＊働いている人々が給料などから年金保険料を納め，そこから退職者に年金が支払われるというのが，日本の公的年金の仕組み。したがって，働く人が減る一方で退職者が増えると，年金制度がうまく機能しなくなる可能性がある。

→ 前で見た表現を使って日本語に合う英文を完成し，声に出して言ってみよう。

1. **高齢化する**人口のために，日本は深刻な問題を抱えている。

   Japan has serious problems _____.

2. 日本の**出生率**はなぜ低下しているのですか。

   Why is _____?

3. 毎年，多くの若い人々が**労働人口**に加わる。

   A lot of _____ every year.

4. 彼は来年，その銀行を**退職する**。

   He will _____.

5. **政府**は再び税金を上げようとしている。

   _____ taxes again.

解答例 1. Japan has serious problems <u>due to an aging population</u>.
　　　 2. Why is <u>Japan's birth rate declining</u>?
　　　 3. A lot of <u>young people enter the workforce</u> every year.
　　　 4. He will <u>retire from the bank next year</u>.
　　　 5. <u>The government is attempting[trying] to raise</u> taxes again.

||| Output 2 | 英語で表現しよう［パッセージ］

→ 左ページの［日本語訳］を見ながら，元の英文を思い出してみよう。完璧でなくてもいいから，声に出しながらノートに書いてみて，最後に答え合わせをしよう。

┌─────────┐
│ **思考力チャレンジ** │ → 次の答えを日本語で言って／書いてみよう。英語で言って／書いてみよう。
└─────────┘
・少子高齢化が一因となって起きている問題の例を挙げてみよう。
・その問題を解決するためには，人口を増やす以外の方法があるだろうか。

PICK UP

社会・経済

過去の入試で実際に出題されたトピックに触れて，トピック力の幅を広げよう。

◆ キャッシュレス社会　[**成蹊大学**]

> 1.<u>キャッシュレス社会</u>が世界中に広がっている。2.<u>オンラインショッピング</u>の利用が増え，現金は 3.<u>急速に使われなくなる</u>だろう。しかし，カードを持てない人などのため，4.<u>現金を受け付けるよう小売店に求める</u>都市もある。

1. the cashless society	2. online shopping
3. rapidly go out of use	4. require retailers to accept cash

◆ 消費主義と広告　[**近畿大学**]

> 消費主義の流行で人々は 1.<u>不必要な商品を買ってしまう</u>。2.<u>広告</u>が 3.<u>製品やブランド</u>を認知させ，それを買えば幸せになれると思わせる。無駄な買い物による浪費や生産活動による CO_2 排出の増加など，4.<u>消費主義の悪影響</u>に注意したい。

1. buy things they do not need	2. advertisements [ads]
3. products and brands	4. the negative effects of consumerism

◆ 社会秩序の変化　[**法政大学**]

> かつて 1.<u>社会秩序</u>は堅固だったが，現在の社会は動的で柔軟になっている。例えばインターネットが 2.<u>広く使われ始めた</u>のは数十年前だが，今では 3.<u>それのない世界を想像できない</u>。4.<u>現代社会の特徴</u>は，常に変化し続けることだ。

1. social order
2. came into wide usage
3. cannot imagine the world without it
4. the characteristics of modern society

◆ ジェンダー理解の進展　[**学習院大学**]

男児向け・女児向けで玩具を分けない店舗が議論を呼んだ。1.男性と女性の違いより類似点の方が多いのに、2.性別によって区別することで多くの 3.固定観念が生まれてきた。今の社会は 4.より柔軟なジェンダー役割を受け入れつつある。

1. more similarities than differences between males and females

2. according to their sexes

3. stereotypes

4. accept more flexible gender roles

◆ 社会は悪くなっているか？　[**関西大学**]

1.世界は悪くなっていると思いがちだが，実際には過去 20 年で，2.極度の貧困はほぼ半減したし，国際紛争などで亡くなる人も減っている。3.ニュースは私たちを誤解させる傾向があり，私たちは 4.より大きな状況を見失ってしまう。

1. the world is getting worse　　2. extreme poverty has nearly halved

3. the news tends to mislead us　　4. lose sight of the bigger picture

---

英作文 | 出題例 | まずは日本語でよいので，自分なりの答えを考えてみよう。

1. What do you think Japan will be like 50 years from now?（今から 50 年後の日本はどうなっていると思うか）[**青山学院大学**]

2. What should we do as consumers to contribute to food security?（私たちは消費者として，食料安全保障に貢献するため何をすべきか）[**長崎県立大学**]

3. Cash is being used less and less in Japanese society. This is called the "cashless" society. Do you think that the cashless society is good, bad or both?（日本社会では現金がどんどん使われなくなっている。これは「キャッシュレス社会」と呼ばれる。キャッシュレス社会はいいものと思うか，悪いものと思うか，その両方か）[**福井大学**]

society

文化・歴史①

TOPIC 19

コーヒーと文化

「コーヒーを飲む習慣」は，多くの国々で見られる世界共通の文化だ。一方，国による「コーヒーの飲み方」の違いもまた，文化の産物といえる。"文化"とは，広がりながら"分化"していくもの。その共通性と変化の様相にこそ，文化の面白さがある。

‖ Warm-up ｜ キーワードを知ろう

◀》 S 19-1

➔ 次の ［　］ から適語を選んで，日本語に合う英文を完成させよう。

［ **traditional / rely on / roots / dates back / popularity** ］

1. この慣習は 17 世紀までさかのぼる。
   This custom (　　　　　) to the seventeenth century.

2. コーヒーはアフリカにその起源を持つといわれる。
   It is said that coffee has its (　　　　　) in Africa.

3. 緑茶は伝統的な日本の飲み物だ。
   Green tea is a (　　　　　) Japanese drink.

4. コーヒーの人気は，その苦味によるものだ。
   The (　　　　　) of coffee is due to its bitter taste.

5. 多くの人々が，目覚めているために［眠くならないように］コーヒーに頼る。
   Many people (　　　　　) coffee to stay awake.

答え ◁ 1. dates back　2. roots　3. traditional　4. popularity　5. rely on

➔ 答えを確認したら音声を 3 回聞き，3 回音読しよう。

→ まずは最後まで読んでみよう。大体の意味が分かったら，**Q** の答えを考えよう。

①Coffee dates back to hundreds of years ago and has its roots in
[　]　　　　　　　　　　　　　　　　　　　**Q**　　　　　　　　[　]

Ethiopia. ②Today, it's a common sight at coffee shops and breakfast
エチオピア　　　　　　　　ありふれた　光景

tables all over the world. ③However, not everyone drinks it the same way.
誰もが～わけではない　　　　同じやり方で

④In Hong Kong, coffee is sometimes mixed with tea, and in Finland,
香港　　　　　　　　　　　　混ぜる

5 one traditional coffee drink has cheese in it. ⑤No matter how it is drunk,
[　]　　　飲み物　　　　　どのように～であれ

the popularity of coffee is partly due to its caffeine content. ⑥Many
[　]　　　　　　　　　部分的に　～による　カフェイン　含有量

people enjoy — and sometimes even rely on — the boost of energy that
[　]　　　　　**Q**　　　　　　[　]　　　　　増強

the chemical provides.
化学物質

Q：1行目，7行目の and が結ぶ語句を，それぞれ中心となる1語で抜き出そう。

■ ┌─ ポ イ ン ト ┐

ℓ.1 date back to ～「（年代・時期）にさかのぼる」
have its roots in ～「～にその起源を持つ；（主語の）起源は～にある」▶「起源」
の意味の roots は複数形で用いる。

ℓ.3 not everyone ～「誰もが～わけではない」▶部分否定。
the same way「同じやり方で」▶前置詞なしで副詞句になっている。

ℓ.5 no matter how ～「どんなやり方で～のであれ」▶譲歩を表す副詞節を導く。

ℓ.6 be partly due to ～「部分的に～による；1つには～が理由だ」

ℓ.7 the boost of energy「エネルギーの増強」▶enjoy と rely on の両方の目的語。
～ that the chemical provides「その化学物質がもたらす～」▶that は目的格の関
係代名詞で，先行詞は boost。the chemical は caffeine の言い換え。

【Q の答え】 1行目 and = dates と has
7行目 and = enjoy と rely ▶enjoy と rely on の目的語が boost。

→ 答えを確認したら音声を3回聞き，3回音読しよう。

→ 以下は前のページで見た文章である。音声を聞きながら空所を埋めよう。

1. This custom _____.

2. It is said that _____.

3. Green tea _____.

4. _____ its bitter taste.

5. _____ to stay awake.

                          *   *   *

₁_____ hundreds of years ago and _____
_____ Ethiopia. ₂Today, it's a common sight at coffee shops and breakfast tables all over the world. ₃However, not everyone drinks it the same way. ₄In Hong Kong, coffee is sometimes mixed with tea, and in Finland, _____ cheese in it. ₅No matter how it is drunk, _____ its caffeine content. ₆Many people enjoy — and _____ — the boost of energy that the chemical provides.

[**日本語訳**] ₁コーヒーは何百年も前までさかのぼり，エチオピアにその起源を持つ。₂今日，それは，世界中の喫茶店や朝食のテーブルでよく見かける光景だ。₃しかし，誰もがそれを同じやり方で飲むわけではない。₄香港では，コーヒーは時に紅茶と混ぜられ，そしてフィンランドでは，ある伝統的なコーヒーの飲み物はその中にチーズが入っている。₅どのように飲まれるのであれ，コーヒーの人気は，部分的にはカフェインの含有量による［→１つにはカフェインが入っていることが理由である］。₆多くの人々が，その化学物質がもたらすエネルギーの増強［その化学物質で元気が出ること］を楽しんでいる──そして時には（それに）頼りさえしている［依存している人さえいる］。

➔ 前で見た表現を使って日本語に合う英文を完成し，声に出して言ってみよう。

1. ピラミッドは何千年も前まで**さかのぼる**。

   The pyramids ＿＿＿＿＿＿＿＿＿＿＿＿＿＿＿＿＿＿＿＿＿＿ ago.

2. 人類はアフリカにその**起源**を持つ。

   Humans ＿＿＿＿＿＿＿＿＿＿＿＿＿＿＿＿＿＿＿＿＿＿＿＿.

3. キムチは**伝統的な**韓国の食べ物だ。

   Kimchi ＿＿＿＿＿＿＿＿＿＿＿＿＿＿＿＿＿＿＿＿＿＿＿.

4. 日本料理の**人気**は，1つにはその美しさが理由である。

   ＿＿＿＿＿＿＿＿＿＿＿＿＿＿＿＿＿＿＿＿＿＿ its beauty.

5. 誰もがカフェインをとるためにコーヒーに**頼る**わけではない。

   ＿＿＿＿＿＿＿＿＿＿＿＿＿＿＿＿＿＿＿＿ coffee for caffeine.

解答例 1. The pyramids <u>date back to thousands of years</u> ago. ［×date<u>s</u>］
2. Humans <u>have their roots in Africa</u>.
3. Kimchi <u>is a traditional Korean food</u>.
4. <u>The popularity of Japanese food is partly due to</u> its beauty.
5. <u>Not everyone relies on</u> coffee for caffeine.

➔ 左ページの［日本語訳］を見ながら，元の英文を思い出してみよう。完璧でなくてもいいから，声に出しながらノートに書いてみて，最後に答え合わせをしよう。

┌───┐
│ **思考力チャレンジ** ➔ 次の答えを日本語で言って／書いてみよう。英語で言って／書いてみよう。│
│ ・日本で人気のある外国の食べ物や飲み物を1つ挙げてみよう。│
│ ・その食べ物や飲み物が日本で人気があるのはなぜだろうか。│
└───┘

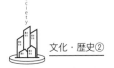

TOPIC 20

アメリカンドリーム

建国以来，長く育まれてきた「アメリカンドリーム」。すでに過去のものともいわれ

るが，背景にある自由・平等・勤勉といった理念は今も死んではいない。その価値

観は，日本の，あなたの価値観とどこが共通し，どこが異なっているだろうか。

▌ Warm-up │ キーワードを知ろう　🔊 S 20-1

⊙ 次の ［　］から適語を選んで，日本語に合う英文を完成させよう。

［ **liberty / values / equal / opportunity / independence** ］

1. 誰もが教育を受ける機会を持つべきだ。
   Everyone should have the (　　　　　　　) to get an education.

2. 彼の意見はアメリカ的な価値観に基づいている。
   His opinion is based on American (　　　　　　　).

3. アメリカは 1776 年に独立を手に入れた。
   America got its (　　　　　　　) in 1776.

4. 法の前には誰もが平等である。
   Everyone is (　　　　　　　) before the law.

5. 個人の自由が民主主義には不可欠だ。
   Individual (　　　　　　　) is essential to democracy.

答え⟨　1. opportunity　2. values　3. independence　4. equal　5. liberty

⊙ 答えを確認したら音声を 3 回聞き，3 回音読しよう。

➔ まずは最後まで読んでみよう。大体の意味が分かったら，**Q** の答えを考えよう。

①Through hard work and determination, anyone can have the
（努力）　　　　（固い意志）　　　（誰でも）

opportunity to succeed in America, regardless of who they are. ②That is
　　[　　]　　　　　　　　　　　　　　　（～とは関係なく）

the heart of the "American Dream." ③Although the expression didn't
（核心）　　　　　　　　　　　　　　　　　　　　　　　Q

appear until 1931, the idea is based on core American values that can be
　　　　　　　　　　Q　　（～に基づいている　核となる）　　　　[　　]

5　found in the country's Declaration of Independence. ④It states that "all
　　　　　　　　　　　　　　（宣言）　　　　　[　　]　　（述べる）

men are created equal," and that they have the right to "life, liberty and
（生み出す　[　　]）　　　　　　　　　　　　　（権利）　　　　　[　　]

the pursuit of happiness." ⑤That's why America is often considered "the
（追求）　　　　　（そういうわけで～）　　　　　　　　　（見なす）

land of opportunity."

　　Q：3行目 the expression, 4行目 the idea はそれぞれ何を指すか，日本語で説明しよう。

■ ┌─ポイント─┐

ℓ.2　regardless of who they are「誰であるか［身分や職業］にかかわらず」▶they は
　　　前行の anyone を受ける。

ℓ.3　expression「表現；言い回し」
　　　didn't appear until ～「～まで現れなかった；～になって初めて現れた」

ℓ.5　the country ▶ここではアメリカのこと。
　　　(the) Declaration of Independence「独立宣言」
　　　all men are created equal「すべての人は平等につくられている」▶アメリカ独立
　　　宣言にある言葉。男女を含む「人」の意味で men を使うのはやや古い言い方。

ℓ.6　and that they have ～ ▶この that 節も前の行の states の目的語。

ℓ.7　be considered ～「～と見なされる」▶consider O C の受動態。

【Q の答え】　the expression = American Dream という表現［言い回し］
　　　　　　　the idea = American Dream の考え方

➔ 答えを確認したら音声を3回聞き，3回音読しよう。

⊙ 以下は前のページで見た文章である。音声を聞きながら空所を埋めよう。

1. Everyone should have _____.

2. His opinion _____.

3. _____ in 1776.

4. Everyone _____.

5. _____ to democracy.

*   *   *

①Through hard work and determination, anyone can _____ _____ in America, regardless of who they are. ②That is the heart of the "American Dream." ③Although the expression didn't appear until 1931, the idea is _____ that can be found in _____ _____. ④It states that "_____," and that they have _____ and the pursuit of happiness." ⑤That's why America is often considered "the land of opportunity."

[日本語訳] ①熱心な努力と固い決意によって，アメリカでは，誰であるかにかかわらず，誰でも<u>成功する機会を持つ</u>ことができる。②それが「アメリカンドリーム」の核心だ。③その表現は 1931 年に初めて現れたが，その考え方は，<u>その国［アメリカ］の独立宣言に見られる核心的なアメリカ的価値観</u>に基づいている。④それ［独立宣言］は，「<u>すべての人は平等につくられている</u>」と述べ，また，すべての人は「<u>生命，自由，および幸福の追求</u>」<u>に対する権利</u>を持つと述べている。⑤そういうわけで，アメリカはしばしば「機会の国［誰でも機会を得られる国］」と見なされるのである。

⫼ Output 1 | 英語で表現しよう [単文]

➲ 前で見た表現を使って日本語に合う英文を完成し，声に出して言ってみよう。

1. 彼らはよい教育を受ける**機会**がなかった。

   They ＿＿＿＿＿＿＿＿＿＿＿＿＿＿＿＿＿＿＿＿ a good education.

2. これらのルールは日本的**価値観**に基づいている。

   These rules ＿＿＿＿＿＿＿＿＿＿＿＿＿＿＿＿＿＿＿＿＿＿＿.

3. インド（India）はいつイギリスから**独立**を手に入れましたか。

   When ＿＿＿＿＿＿＿＿＿＿＿＿＿＿＿＿＿＿＿＿ from Britain?

4. 私たちは皆，違っているが，お互いに**平等**だ。

   We are all ＿＿＿＿＿＿＿＿＿＿＿＿＿＿＿＿＿＿＿＿＿.

5. アメリカはしばしば「**自由**の国（land）」と呼ばれる。

   America is ＿＿＿＿＿＿＿＿＿＿＿＿＿＿＿＿＿＿＿＿＿.

解答例 1. They <u>didn't have the opportunity to get</u> a good education.
   2. These rules <u>are based on Japanese values</u>.
   3. When <u>did India get its independence</u> from Britain?
   4. We are all <u>different but equal to each other</u>.
   5. America is <u>often called "the land of liberty."</u>

⫼ Output 2 | 英語で表現しよう [パッセージ]

➲ 左ページの［日本語訳］を見ながら，元の英文を思い出してみよう。完璧でなくてもいいから，声に出しながらノートに書いてみて，最後に答え合わせをしよう。

┌───┐
│ 思考力チャレンジ ➲ 次の答えを日本語で言って／書いてみよう。英語で言って／書いてみよう。│
│ ・「日本的な価値観」の例を１つ思い浮かべてみよう。   │
│ ・その価値観から，実際にどのようなルールや行動が生まれているだろうか。   │
└───┘

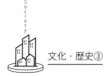

TOPIC 21

「道」の歴史

人間の歴史の始まりから「道」はあった。家と家，町と町，国と国をつないで，人やものが行き交った道。道は最初の情報ネットワークだった。身の回りに「あって当然」の存在が，歴史の中で果たしてきた役割について振り返ってみよう。

Warm-up | キーワードを知ろう　　　🔊 S 21-1

⊙ 次の [ ] から適語を選んで，日本語に合う英文を完成させよう。

[**ancient / improve / early / appearance / turning point**]

1. 初期の自転車にはチェーンがなかった。
   (　　　　　　　　) bicycles didn't have chains.

2. その闘いは日本の歴史における転換点となった。
   The battle was a (　　　　　　) in Japanese history.

3. この寺院は古代（の時代）に建てられた。
   This temple was built in (　　　　　) times.

4. 多くの人々が社会を改善しようとしてきた。
   Many people have been trying to (　　　　　) society.

5. 彼らは飛行機の登場前には船で移動した。
   They traveled by ship before the (　　　　　) of airplanes.

答え〈 1. Early　2. turning point　3. ancient　4. improve　5. appearance

⊙ 答えを確認したら音声を 3 回聞き，3 回音読しよう。

➔ まずは最後まで読んでみよう。大体の意味が分かったら，Q の答えを考えよう。

①Early routes were often formed naturally on land. ②They gradually
　　　　　［　］　道　　　　　　　　　形成する　　自然に　　　　地上　　　　　　　　次第に

developed over long periods of time while people traveled them on foot
発達する　　　　　　　　期　間　　　　　　　　　　　　　　移動する　　　　　　徒歩で

or horseback. ③A significant turning point in their history arrived when
馬の背中　　　　　　　重要な　　　　　　　　　　　　　［　］

the first wheeled carts appeared in ancient times. ④Once this happened,
　　　車輪付きの　　荷車　　　　　　　　　　　［　］　　時　代　　いったん〜と　Q

5 people recognized the importance of well-maintained routes. ⑤Therefore,
　　　　認識する　　　　　　　　　　　　　　　よく整備された　　　　　　それゆえ

towns, cities, and entire countries improved them in order to prosper.
　　　　　　　　　　全体の　　　　　　　　　［　　］　　　　　　　　　繁栄する

⑥As a result, life became more convenient, communities grew, economies
　　結　果　　　　　　　　　　　　便利な　　　　　地域社会　　　　　　経済圏

evolved, and cultures expanded. ⑦The importance of land routes
発展する　　　　　　拡張する

increased further, especially after the appearance of automobiles.
　　　　　さらに　　　特　に　　　　　　　　　　　　［　］　　　　　　　自動車

Q：4 行目 this の内容を，日本語で具体的に説明しよう。

■─┌ポ┬イ┬ン┬ト┐──

ℓ.1　They ▶ routes を指す。以下の them, their も routes を指す。

ℓ.2　over 〜「〜の期間にわたって」
　　　travel「（場所）を移動する」▶他動詞。

ℓ.4　appear「現れる；登場する」> appearance「出現；登場」(ℓ.9)

ℓ.6　entire countries は an entire country「国全体」の複数形。
　　　improve「〜を改善する；改良する」> improvement「改善；改良」

ℓ.7　As a result 〜 ▶以下は，道路が改良された結果，起こったことの列挙。
　　　economy「経済圏；（経済の面から見た）国」

【Q の答え】（古代に初めて）車輪付きの荷車が登場したこと。

➔ 答えを確認したら音声を 3 回聞き，3 回音読しよう。

⊙ 以下は前のページで見た文章である。音声を聞きながら空所を埋めよう。

1. _____ chains.

2. The battle _____ Japanese history.

3. This temple _____.

4. Many people have _____.

5. They traveled by ship _____.

*   *   *

①_____ naturally on land. ②They gradually developed over long periods of time while people traveled them on foot or horseback. ③A significant _____ when the first wheeled carts _____. ④Once this happened, people recognized the importance of well-maintained routes. ⑤Therefore, towns, cities, and entire countries _____. ⑥As a result, life became more convenient, communities grew, economies evolved, and cultures expanded. ⑦The importance of land routes increased further, especially _____.

[日本語訳] ①初期の道は，しばしば地上に自然に形成された。②道は，人々が徒歩や馬でそこを移動する間に，長期間かけて次第に発達した。③その歴史における重要な転換点が来たのは，古代に最初の車輪付きの荷車が現れたときだった。④いったんこのことが起きると，人々はよく整備された道の重要さを認識した。⑤それゆえ，町や都市や国全体が，繁栄するために道を改良した。⑥その結果，生活は便利になり，地域社会は成長し，経済圏は発展し，文化は広がっていった。⑦地上の道の重要性は，特に自動車の登場後には，さらに増加した。

→ 前で見た表現を使って日本語に合う英文を完成し，声に出して言ってみよう。

1. **初期の**飛行機は木と布でできていた。

   _____ wood and cloth.

2. 紙の発明は，世界の歴史における**転換点**だった。

   The invention of paper was _____.

3. **古代の**人々は鉄の重要性を認識した。

   _____ of iron.

4. 多くの人々が自動車を**改良し**ようとしている。

   Many people are _____.

5. 電話の**登場**後，生活は便利になった。

   Life became _____ the telephone.

解答例〈   1. <u>Early airplanes were made of</u> wood and cloth.
2. The invention of paper was <u>a turning point in world history</u>.
3. <u>Ancient people recognized the importance</u> of iron.
4. Many people are <u>trying to improve automobiles</u>.
5. Life became <u>convenient after the appearance of</u> the telephone.

Output 2 | 英語で表現しよう［パッセージ］

→ 左ページの［日本語訳］を見ながら，元の英文を思い出してみよう。完璧でなくてもいいから，声に出しながらノートに書いてみて，最後に答え合わせをしよう。

┌───┐
思考力チャレンジ   → 次の答えを日本語で言って／書いてみよう。英語で言って／書いてみよう。

・日本または世界の歴史に大きな影響を与えたものを1つ思い浮かべてみよう。
・それはどんなふうに歴史や人々の生活を変えた？
└───┘

PICK UP

文化・歴史

過去の入試で実際に出題されたトピックに触れて，トピック力の幅を広げよう。

◆ 日本のマンガ文化　[関西学院大学]

欧米人には 1.受け入れにくいが，manga は 2.日本の大衆文化だ。本の中だけでなく，3.マンガのキャラクターは至るところに存在する。4.日本のマンガ産業は週刊誌が支えてきたが，オンライン化の進展などで発行部数は減っている。

1. find it difficult to accept　　　2. Japanese pop culture

3. comic characters are everywhere　　4. the comic industry in Japan

◆ デジタル時代と図書館　[日本女子大学]

1.電子書籍が普及している 2.今のデジタル技術時代において，3.図書館は消えてしまうかもしれない。しかし，4.過去の知恵を大量に集めた図書館は，現在も知的発見や思考に適した場所で，デジタル端末には代えられない価値を持つ。

1. electronic books　　　　　2. in the current era of digital technology

3. libraries disappear　　　　4. the wisdom of the past

◆ 世界遺産とは　[阪南大学]

1.世界遺産（の地）は 2.保護を最も必要とする場所で，ユネスコ（UNESCO）の世界遺産委員会が毎年選定する。その場所は，3.保存のための国際的な支援と資金を得たり，4.メディアの注目から恩恵を受けたりすることができる。

1. World Heritage Sites　　　　2. in the greatest need of protection

3. get international support and money for preservation

4. benefit from media attention

◆ 時間と文化　[**津田塾大学**]

> 1.時間に対する文化的態度は地域や時代で異なる。欧米や日本は 2.時間通りであることを重視する。3.生活のペースは，その地域の経済力の影響も受ける。4.個人の利益に価値を置く文化では，成果を求めてスピードが重要になる。

1. cultural attitudes to time

2. place importance on being on time

3. the pace of life

4. cultures which value individual interests

◆ なぜ歴史を学ぶか　[**明治学院大学**]

> 歴史学は 1.過去の研究だ。歴史は 2.人々や社会がどう振る舞うかを教えてくれる。また，3.過去は現在の原因となり，未来の原因ともなる。歴史は 4.変化の原因を特定するのに役立つ。私たちは本当の世界を理解するために歴史を学ぶ。

1. the study of the past　　2. how people and societies behave

3. the past causes the present　　4. identify the causes of change

英作文 出題例　まずは日本語でよいので，自分なりの答えを考えてみよう。

1. In your opinion, what are three good points of Japanese society?
   （日本社会のよいと思う点を３つ挙げなさい）[**北星学園大学**]

2. Do you think history is an important subject for high school students to study?
   Give reasons to support your answer.（歴史は高校生にとって重要な教科だと思うか。
   その理由も述べなさい）[**学習院女子大学**]

3. 自分が生まれる前の時代に戻れるとしたら，いつの時代に行き，どんなことがしたいですか。[**中央大学**]

国際・
グローバル化①

TOPIC 22

グローバル英語

私たちはなぜ英語を学ぶのか。なぜ英語が受験科目になっているのか。それは，
英語が「世界の共通語」だから──。ではなぜ，英語は世界の共通語になっている
のだろうか。「なぜ」を繰り返せば，きっといろいろなことが見えてくるはずだ。

Warm-up | キーワードを知ろう ◀)) S 22-1

→ 次の [ ] から適語を選んで，日本語に合う英文を完成させよう。

[**common / worldwide / global / Internet / non-native**]

1. 世界言語とは，国際的なコミュニケーションに使われる言語である。
   A （　　　　　） language is a language used for international
   communication.

2. 英語のテレビ番組や映画は世界中で楽しまれている。
   TV shows and movies in English are enjoyed （　　　　　）.

3. インターネットの発達はとても急速だった。
   The growth of the （　　　　　） has been very fast.

4. 今日，ますます多くのネイティブでない話者［非母語話者］が英語を使っている。
   More and more （　　　　　） speakers are using English today.

5. 英語は，多くのアジア人によって共通語として話されている。
   English is spoken as a （　　　　　） language by many Asians.

答え 1. global　2. worldwide　3. Internet　4. non-native　5. common

→ 答えを確認したら音声を 3 回聞き，3 回音読しよう。

→ まずは最後まで読んでみよう。大体の意味が分かったら，Q の答えを考えよう。

①Today, English functions as a global language for a variety of
　　　　　　　　役目を果たす　　　　　　　[　　]　　　　　　　　　さまざまな〜

reasons. ②The United States is a major cultural power, and its TV shows,
　Q　　　　　　　　　　　　　　　　　主要な　　　　大国　　　　　　番組

movies, and music are consumed worldwide. ③Like the British Empire, it
　　　　　　　　　　　消費する　　[　　]　　　　　　　大 英 帝 国

has also had extraordinary economic and political power for many years,
　　　　　　　　　　並外れた　　　　　　　　政治的　影響力

5 making English essential for those who want to engage in global business
　そして〜にした　　　　不可欠な　　　人 々　　　　　　　　携わる

or politics. ④Now, with the growth of the Internet, more and more
　政 治　　　　　　　　　　　発 達　　　　　[　　]　　　ますます多くの

non-native speakers are using English as a common language.
　[　　]　　　　　　　　　　　　　　　　　　　　[　　]

　　　　　　Q：2 行目 reasons の内容を 4 つ，それぞれの中心となる 1 語ずつで答えよう。

■─ ポ イ ン ト ──────────────────────────

ℓ.1　global「世界的な；地球全体の」< globe「地球；地球儀」
　　　for 〜 reasons「〜の理由で」

ℓ.2　power「大国；強国」▶可算名詞。ℓ.4 の power は「力；影響力」（不可算名詞）。

ℓ.3　worldwide「世界中で」▶副詞。= throughout the world
　　　the British Empire「大英帝国」▶かつて世界中に領土を持っていたイギリスの別称。旧
　　　植民地のアメリカ・オーストラリア・インドなどで広く英語が使われた。

ℓ.5　..., making English essential「そして英語を不可欠にした」▶分詞構文（結果）。
　　　ここでは ..., which has made English essential とほぼ同意。

ℓ.6　with 〜「〜とともに；〜につれて」
　　　more and more 〜「ますます多くの〜」→「〜がますます増えている」

ℓ.7　non-native speaker「ネイティブでない話者；非母語話者」
　　　common「共通の」▶common language「共通語」

【Q の答え】　cultural, economic[business], political[politics], Internet

──────────────────────────────────────

→ 答えを確認したら音声を 3 回聞き，3 回音読しよう。

⊙ 以下は前のページで見た文章である。音声を聞きながら空所を埋めよう。

1. _____ international communication.

2. TV shows and movies _____.

3. _____ very fast.

4. More and more _____ today.

5. English is spoken _____.

　　　　　　　　　*　　　　*　　　　*

　①Today, _____ for a variety of reasons. ②The United States is a major cultural power, and its TV shows, _____
_____. ③Like the British Empire, it has also had extraordinary economic and political power for many years, making English essential for those who want to engage in global business or politics. ④Now, _____
_____, _____ are using _____
_____.

[日本語訳] ①今日，英語はさまざまな理由で世界言語としての役目を果たしている。②アメリカ合衆国は主要な文化大国であり，そのテレビ番組や映画や音楽は世界中で消費されている。③大英帝国と同様に，それ［アメリカ合衆国］もまた，長年にわたって並外れた経済的・政治的影響力を持ってきており，（その結果）英語は世界的ビジネスや国際政治に携わりたい人々にとって不可欠なものとなっている［←そのことは，英語を〜にとって不可欠なものにしている］。④そして今，インターネットの発達に伴って，ますます多くの非母語話者が，英語を共通語として使っている。

→ 前で見た表現を使って日本語に合う英文を完成し，声に出して言ってみよう。

1. **世界**言語は，世界的なビジネスのために不可欠である。

   _____ global business.

2. 今日，アメリカ映画は**世界中で**消費されている。

   Today, _____.

3. **インターネット**の発達に伴って，何が起こっているでしょうか。

   What is _____?

4. 日本語は**非母語**話者たちにとって難しいと思いますか。

   Do you think _____?

5. 私たちは旅行中，英語を**共通**語として使った。

   _____ during the trip.

解答例 1. A global language is essential for global business.
2. Today, American movies are consumed worldwide.
3. What is happening with the growth of the Internet?
4. Do you think Japanese is difficult for non-native speakers?
5. We used English as a common language during the trip.

→ 左ページの［日本語訳］を見ながら，元の英文を思い出してみよう。完璧でなくてもいいから，声に出しながらノートに書いてみて，最後に答え合わせをしよう。

思考力チャレンジ　→次の答えを日本語で言って／書いてみよう。英語で言って／書いてみよう。

・身の回りで，非母語話者が英語を使っている場面を1つ思い浮かべてみよう。
・そこではなぜ，日本語や他の言語ではなく英語が使われているのだろうか。

TOPIC 23
グローバル化と観光

もの，情報，人——移動できるものなら何でも，しかも大量に，国境を越えて世界

中を行き来するのがグローバル時代だ。そこには当然，さまざまな問題も生じる。

観光をめぐるジレンマは，グローバル化がもたらす問題の典型かもしれない。

▌▌▌ Warm-up │ キーワードを知ろう　　　📢 S 23-1

⊙ 次の［　］から適語を選んで，日本語に合う英文を完成させよう。

[demand / explosion / tourism / destination / industry]

1. 観光業は，休暇中の人々にサービスを提供するビジネスだ。
   (　　　　　　　　) is the business of providing services for people on vacation.

2. 観光産業は，その国に経済成長をもたらした。
   The tourism (　　　　　　　) brought economic growth to the country.

3. 観光客数の爆発的増大が深刻な問題を引き起こした。
   An (　　　　　　) in the number of tourists caused serious problems.

4. 外国人観光客の需要を満たすために，新しいホテルが建てられた。
   New hotels were built to satisfy the (　　　　　　) of foreign tourists.

5. 京都は，世界的に有名な日本の観光地［観光の目的地］だ。
   Kyoto is a world-famous tourist (　　　　　　) in Japan.

答え 1. Tourism　2. industry　3. explosion　4. demand　5. destination

⊙ 答えを確認したら音声を 3 回聞き，3 回音読しよう。

→ まずは最後まで読んでみよう。大体の意味が分かったら, **Q** の答えを考えよう。

①Global tourism has been increasing for decades. ②While some
[　　]　　　　　　　　　　　　　増大する　　　　数十年　　　～だが一方で

countries have enjoyed the economic growth the tourism industry brings,
享受する　　　　　　　　　　　成長　　　　　　　　　　　　[　　]

others have suffered from too many tourists. ③An explosion in tourism
苦しむ　　　　　　　　　　　　　　　　　　　[　　]

can lead to significant <u>problems</u>. ④Crowds of tourists can cause damage
～につながる　重大な　　　　**Q**　　　　大勢の～　　　　　　　　　被害

5 to the environment, even when they're careful. ⑤They can also fill
～でさえ　　　　　　　　　　　　　　　　いっぱいにする

restaurants and hotels, making it difficult for locals to travel. ⑥And when
そして～にする　　　　　地元の人

too many new restaurants and hotels are built to satisfy demand, it can
満足させる　　[　　]

ruin a destination's appeal.
だめにする　　[　　]　魅力

Q：4 行目 problems の具体的な内容を 3 つ, 日本語で簡単に説明しよう。

■ ┌ポ┬イ┬ン┬ト┐

ℓ.1　global tourism「グローバルツーリズム；世界的な観光産業」
While some ～, others ...「～もあるが, 一方で…もある」▶others（ℓ.3）= other
countries

ℓ.2　the economic growth (that) the tourism industry brings ▶目的格の関係詞の省略。

ℓ.3　explosion「爆発的増大；急増」▶元は「爆発」の意味。

ℓ.4　can「（可能性として）～することがある；～しかねない」

ℓ.6　make it difficult for A to *do*「A が～するのを困難にする」▶it は仮目的語。

ℓ.7　it can ruin ～ ▶この it は「（需要を満たすために）あまりに多くの新しいレストランやホテ
ルが建てられること」という when 節の内容を指す。

【**Q** の答え】　観光客が環境に被害をもたらすこと。／レストランやホテルがいっぱ
いになって, 地元の人たちが旅行できなくなること。／レストランや
ホテルが増えすぎて, 観光地の魅力がなくなること。

→ 答えを確認したら音声を 3 回聞き, 3 回音読しよう。

以下は前のページで見た文章である。音声を聞きながら空所を埋めよう。

1. _____ for people on vacation.

2. _____ to the country.

3. _____ caused serious problems.

4. New hotels were built _____.

5. Kyoto is _____.

*　　　*　　　*

①_____ for decades. ②While some countries have enjoyed _____, others have suffered from too many tourists. ③_____ to significant problems. ④Crowds of tourists can cause damage to the environment, even when they're careful. ⑤They can also fill restaurants and hotels, making it difficult for locals to travel. ⑥And when too many new restaurants and hotels _____, it _____.

[日本語訳] ①グローバルツーリズムは，数十年にわたって増大してきている。②観光産業がもたらす経済成長を享受してきた国もあるが，一方で，多すぎる観光客に苦しんできた国もある。③観光業の爆発的増大は重大な問題につながることがある。④大勢の観光客は，注意深くしているときでさえ，環境に被害を起こすことがある。⑤彼らはまた，レストランやホテルをいっぱいにして，現地の人が旅行するのを困難にすることがある。⑥そして，需要を満たすために，あまりに多くの新しいレストランやホテルが建てられると，そのことが観光地の魅力をだめにしてしまうことがある。

⊙ 前で見た表現を使って日本語に合う英文を完成し，声に出して言ってみよう。

1. 将来，グローバル**ツーリズム**は再び増大するだろうか。

   _____ again in the future?

2. 観光業は日本にとって重要な**産業**だ。

   _____ for Japan.

3. これらの問題は，観光業の**爆発的増大**によって引き起こされた。

   These problems _____.

4. 外国人観光客の**需要**を満たすのは困難だ。

   It is _____.

5. 日本で最も人気のある**観光地**はどこですか。

   What is _____?

解答例 1. Will global tourism increase again in the future?
　　　 2. Tourism is an important industry for Japan.
　　　 3. These problems were caused by an explosion in tourism.
　　　 4. It is difficult to satisfy the demand of foreign tourists.
　　　 5. What is the most popular tourist destination in Japan?

Ⅲ Output 2 | 英語で表現しよう［パッセージ］

⊙ 左ページの［日本語訳］を見ながら，元の英文を思い出してみよう。完璧でなくてもいい
から，声に出しながらノートに書いてみて，最後に答え合わせをしよう。

┌───┐
│ **思考力チャレンジ** ⊙ 次の答えを日本語で言って／書いてみよう。英語で言って／書いてみよう。
│
│ ・あなたの住む都道府県でいちばん有名だと思う観光地を挙げてみよう。
│ ・外国人に紹介するつもりで，その観光地の魅力を説明してみよう。
└───┘

カルチャーショック

国際・グローバル化③

友達が首を横に振りながら「はい」と答えたら，あなたは「何それ？」と言うだろう。

では，もし周りの誰もが首を振りながら「はい」と言ったら，そんな国に住むことに

なったら，あなたはどう感じるだろう。それでも「何それ？」と言えるだろうか。

▌ Warm-up ┃ キーワードを知ろう　　🔊 S 24-1

➔ 次の [　] から適語を選んで，日本語に合う英文を完成させよう。

[**customs / frustrated / normal / unfamiliar / adjust**]

1. 私はなじみのない環境の中でカルチャーショックに苦しんだ。
   I suffered from culture shock in (　　　　　) surroundings.

2. あなたはそのようなストレスの多い経験によってイライラするかもしれない。
   You might feel (　　　　　) by such stressful experiences.

3. 私は目新しい文化に順応するのに時間がかかった。
   It took time for me to (　　　　　) to a new culture.

4. 異なる文化は，異なる慣習と価値観を持っている。
   Different cultures have different (　　　　　) and values.

5. ある国で普通と思われることが，他の国では奇妙に思われることもある。
   What seems (　　　　　) in one country can seem strange in another.

答え 1. unfamiliar　2. frustrated　3. adjust　4. customs　5. normal

➔ 答えを確認したら音声を 3 回聞き，3 回音読しよう。

→ まずは最後まで読んでみよう。大体の意味が分かったら，Q の答えを考えよう。

①When you travel to a different country, unfamiliar behaviors might
　　　　　　　　　　　　　　　　　　　　　[　　]　Q　行　動
make you feel frustrated or even confused. ②This is called culture shock,
　　　　　　[　　]　　　　　　　混乱して　　　　　　　　　カルチャーショック
and it's perfectly common. ③Sometimes, these experiences can be
　　　　　全　く　　ありふれた
stressful; ④in Bulgaria, for example, people shake their heads "yes" and
ストレスの多い　　　ブルガリア　　　　　　　　　　横に振る
5　nod their heads "no." ⑤But don't worry. ⑥It takes time to adjust to new
縦に振る　　　　　　　　　　　　　　　　　　時間がかかる　　[　　]
customs and surroundings, and before you know it, things will seem
　[　　]　　　　　環境　　　　　　いつ の 間 に か
normal. ⑦After all, cultures themselves are neither right nor wrong;
　[　　]　　　そもそも　　　　　　それ自体　　どちらでもない
⑧they're merely different.
　　　　単　に

Q：1 行目 unfamiliar behaviors の具体例を，本文中から抜き出そう。

+--- ポ イ ン ト ---

ℓ.2　make you feel ～「あなたに～と感じさせる」
　　　frustrated「（思ったようにならず）イライラして；欲求不満で」
　　　＜ frustrate「イライラさせる」，frustration「欲求不満」
ℓ.3　can be stressful; ～ ▶セミコロンのあとに，より詳しい説明や実例が続く。
ℓ.5　it takes time to do「～するのに時間がかかる」
　　　adjust to ～「～に順応する；慣れる」＞ adjustment「順応（すること）」
　　　new「目新しい；初めての；よく知らない」
ℓ.6　surroundings「（そのときに人やものを取り巻いている）環境；周囲の状況」
　　　▶ environment は「社会環境；自然環境」といった意味での「環境」。
ℓ.7　after all「そもそも［だって］～だから」▶理由・説明を言い添える表現。
　　　neither A nor B「A でも B でもない」

【Q の答え】　in Bulgaria, for example, people shake their heads "yes" and nod
　　　　　　　their heads "no."

→ 答えを確認したら音声を 3 回聞き，3 回音読しよう。

➔ 以下は前のページで見た文章である。音声を聞きながら空所を埋めよう。

1. I suffered from _____.

2. You might _____.

3. It took time _____.

4. Different cultures _____.

5. _____ can seem strange in another.

*   *   *

①When you travel to a different country, _____ might _____ or even confused. ②This is called culture shock, and it's perfectly common. ③Sometimes, _____; ④in Bulgaria, for example, people shake their heads "yes" and nod their heads "no." ⑤But don't worry. ⑥It takes time to _____, and before you know it, _____. ⑦After all, cultures themselves are neither right nor wrong; ⑧they're merely different.

[日本語訳] ①違う国へ旅をすると，<u>なじみのない行動があなたをイライラさせ</u>たり，さらには混乱させたりさえするかもしれない。②これはカルチャーショックと呼ばれており，まったくありふれたことだ。③時には，<u>こうした経験はストレスの多いものでありうる</u>。④例えばブルガリアでは，人々は頭を横に振って「イエス」を表し，頭を縦に振って「ノー」を表す。⑤でも心配はしなくていい。⑥<u>目新しい慣習や環境に順応する</u>のには時間がかかり，いつの間にか，<u>物事は普通に思えてくるだろう</u>。⑦そもそも，文化それ自体は正しくも間違ってもいない。⑧それらは単に異なっているだけなのである。

→ 前で見た表現を使って日本語に合う英文を完成し，声に出して言ってみよう。

1. **なじみのない**環境はあなたを**イライラ**させるかもしれない。

_____ might make _____.

2. 目新しい文化に**順応する**のには長い時間がかかるかもしれない。

It _____ a new culture.

3. アメリカと日本は，異なる**慣習**と価値観を持っている。

America _____.

4. 日本で**普通**と思われることが，他の国々では奇妙に思われることもある。

_____ in other countries.

5. 文化の違いは，よいもの**でも**悪いもの**でもない**。

Cultural differences _____.

解答例 1. <u>Unfamiliar surroundings</u> might make <u>you feel frustrated</u>.
2. It <u>may take a long time to adjust to</u> a new culture.
3. America <u>and Japan have different customs and values</u>.
4. <u>What seems normal in Japan can seem strange</u> in other countries.
5. Cultural differences <u>are neither good nor bad</u>.

| Output 2 | 英語で表現しよう［パッセージ］

→ 左ページの［日本語訳］を見ながら，元の英文を思い出してみよう。完璧でなくてもいいから，声に出しながらノートに書いてみて，最後に答え合わせをしよう。

思考力チャレンジ → 次の答えを日本語で言って／書いてみよう。英語で言って／書いてみよう。

・新しい学校や土地など，なじみのない環境で戸惑った経験を思い起こしてみよう。
・あなたはどのようにしてその環境に順応した？

PICK UP

国際・グローバル化

過去の入試で実際に出題されたトピックに触れて，トピック力の幅を広げよう。

◆ 文化間理解の重要性　[**法政大学**]

> 1.グローバルな環境で働く人でも 2.自分自身の文化的観点でものを見ていることが多い。相手を個人として判断するのも大事だが，3.文化的背景を知ることも必要だ。そうすれば 4.異文化間コミュニケーションもうまくいくだろう。

1. work in global settings
2. from their own cultural perspectives
3. learning about cultural contexts
4. cross-cultural communication

◆ 英語を企業の公用語に　[**学習院大学**]

> 日本の企業が 1.長期的な競争力を持つには社内の 2.公用語を英語にして，世界のトレンドに注意を払う必要がある。日本のビジネスが成長力と活力を取り戻すためには，3.日本人でない従業員を増やし，4.英語に切り替えるべきだ。

1. long-term competitiveness
2. official language
3. non-Japanese employees
4. switching to English

◆ 地球環境はグローバルな課題　[**中央大学**]

> 地球は生命の存在を脅かす危機に直面しており，環境問題は難しい 1.政治的課題となっている。多くの国が 2.持続可能な開発に取り組み，3.地球規模の環境問題を解決するために協力することが，4.国際外交において重要になってきている。

1. on the political agenda
2. sustainable development
3. global environmental problems
4. international diplomacy

◆ グローバル化とは　[津田塾大学]

1. グローバル化という言葉は多くの意味を持つ。2. 世界中の文化がつながること，3. 生活様式の異なる人々の間の紛争，また政治や経済の国際化に関わることと考える人もいる。こうした 4. さまざまな現象の集まりがグローバル化なのだ。

1. globalization

2. the interconnection of world cultures

3. conflict between people with different ways of life

4. a collection of different phenomena

◆ グローバル化の功罪　[関西学院大学]

グローバル化は，1. 国際貿易による経済発展や，問題を抱える国に対する 2. 対外援助などの利点をもたらす。同時に，発展途上国で 3. 貧富の格差が拡大したり，地域の経済危機が 4. 世界経済全体への脅威になったりするという問題もある。

1. international trade

2. foreign aid

3. a growing divide between the rich and the poor

4. a threat to the entire world economy

英作文　出題例　まずは日本語でよいので，自分なりの答えを考えてみよう。

1. あなたが異文化交流で大切だと考えることを英語で書きなさい。[群馬大学]

2. What do you think about the increase in the number of foreign visitors to Japan in recent years?（近年の日本を訪れる外国人の増加をどう思うか）[学習院女子大学]

3. Give and explain your opinion in English. — Cultural differences cause problems. It is better for people to stay in their own countries than visit other ones.（文化の違いは問題を生むので，人は他国を訪れるよりも国内にとどまる方がよいか）[杏林大学]

Part 3

自然 と向き合う
Nature

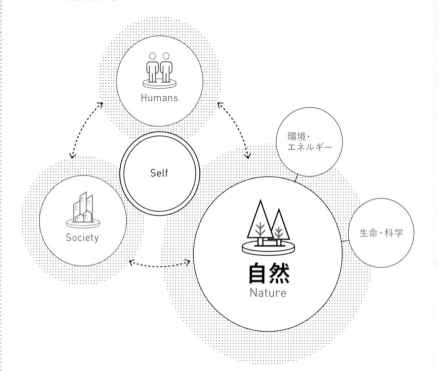

このパートでは「自然」を2つの側面から考える。
人間が生きる基盤, 利用する対象と見なせば「環境」の問題となり,
好奇心や探求心の対象と捉えれば「科学」の問題となる。
もちろん両者の間に明確な境界線を引くことはできないが,
私たちが「自然」と向き合う際に忘れてはならない2つの視点だろう。

○ 環境・エネルギー
25 プラスチック汚染 / 26 温室効果 / 27 太陽光発電とコスト

50年前に社会を揺るがせていた主な環境問題は，地域の海や大気が汚染される「公害」だった。それが現在では"地球"環境問題と呼ばれ，人類は地球全体の気候変動や北極・南極の海にまで及ぶプラスチック汚染などに直面している。そうした問題の広域化・深刻化の背景にあるのは，本書でも見てきたテクノロジーの高度化やグローバル化の進展といった人間の活動。つまり，**地球環境問題は現代社会が抱えるさまざまな負の側面が積み重なった結果**ともいえる。入試で地球環境についての出題が多いのは，学生1人ひとりに「自分事」として考えてほしいという，大学からのメッセージなのかもしれない。

○ 生命・科学
28 都会の鳥と田舎の鳥 / 29 薬と毒を分けるもの / 30 火星への移住

科学は，誰もが生来持っている好奇心から生まれた。「何だろう？」「なぜだろう？」という素朴な疑問から出発し，数千年かけて，「仮説を立てて実験で検証する」「定義を決めて分類する」といった科学的な思考法が確立されてきた。それは今や，私たちが世界を理解し，お互いを理解し合うための共通言語になっていると言ってもいい。入試でも，「仮説→検証」という流れの文章は自然科学のトピックに限らず頻出だが，**パターンが決まっているから，内容になじみがなくても論旨そのものは追いかけやすい**。一見軽そうに思えるエッセイなどよりもすいすい読めるくらいだ。いろいろなトピックに触れておくことで，そうしたワンステップ上の〈応用的なトピック力〉を養っていこう。

環境・エネルギー①

TOPIC 25
プラスチック汚染

紙のように簡単には分解されないプラスチックごみが，世界にあふれている。海中のプラスチックごみの総量が 2050 年には魚の総量を超えるともいわれる。中でも最近，その小ささゆえに大きな問題となっているのが，マイクロプラスチックだ。

▌ Warm-up │ キーワードを知ろう ◀)) S 25-1

⊕ 次の [ ] から適語を選んで，日本語に合う英文を完成させよう。

[**harmful / addiction / solve / environment / recycle**]

1. プラスチックごみは環境の中のあらゆる場所で見つかる。
   Plastic waste is found everywhere in the (　　　　　).

2. マイクロプラスチックは動物と同様に人間にも有害である。
   Microplastics are (　　　　　) to humans as well as animals.

3. 私たちはプラスチック製品を捨てるよりも<u>再生利用［リサイクル］</u>するべきだ。
   We should (　　　　　) plastic products rather than throwing them away.

4. 私たちはどうすればマイクロプラスチックの問題を解決することができるか。
   How can we (　　　　　) the problems of microplastics?

5. 私たちはプラスチックへの過度の依存を終わらせなければならないだろう。
   We will have to end our (　　　　　) to plastic.

答え 1. environment 2. harmful 3. recycle 4. solve 5. addiction
⊕ 答えを確認したら音声を 3 回聞き，3 回音読しよう。

→ まずは最後まで読んでみよう。大体の意味が分かったら，Q の答えを考えよう。

①From the air we breathe to the water we drink, microplastics can be
　　　　　　　　　　　　呼吸する　　　　　　　　　　　　　　　　Q マイクロプラスチック

found everywhere in the environment. ②These tiny pieces of plastic are
　　　　　　　　　　　　　[　　]　　　　　　　　　　とても小さな

harmful to animals and may pose a health risk to humans as well.
[　　]　　　　　　　　　　もたらす　　　　　　　　　　　　～もまた

③Unfortunately, simply recycling plastic products won't solve the
　残念ながら　　　ただ単に　[　　]　　　　　　　　　　　　　　　[　　]

5　problem. ④Plastics are often used in clothing materials, and every time
　　　　　　　　　　　　　　　　　衣　類　　生地(きじ)　　　～するたびに

they get washed, microplastics break off in the water and flow out into
　　　　　　　　　　　　　　　ちぎれる　　　　　　　　　　流れ出る

the environment. ⑤The world will need to work hard to end its addiction
　　　　　　　　　　　　　　　　　　　　　　　終わらせる　　[　　]

to plastic.

Q：1 行目 microplastics とはどんなものか，本文中の語句 4 語で答えよう。

■┤ポ│イ│ン│ト├─

ℓ.1　the air (that) we breathe … the water (that) we drink ▶目的格の関係詞の省略。
　　　microplastic「マイクロプラスチック」▶環境中に存在する微小なプラスチック粒子で，
　　　主に大きさ 5mm 以下のものをいう。

ℓ.2　plastic ▶日本語の「プラスチック」と異なり，ビニールやナイロンなども含む。

ℓ.3　pose a health risk to ～「～に健康上の危険を及ぼす」
　　　as well「その上；～もまた」▶前の animals を受けて「人間にもまた」の意。

ℓ.4　simply「ただ単に～だけ」▶第④文の問題はリサイクルだけでは解決しない。
　　　recycle「再生利用［リサイクル］する」▶廃棄物を再生処理して資源として再利用す
　　　ること。元の形のまま再使用することは reuse「リユース」という。

ℓ.5　clothing materials「衣類の生地；服地」▶ここでは合成繊維の生地をいう。
　　　every time ～「～するたびに（whenever）」▶2 語で接続詞の働きをする。

ℓ.6　get washed「洗われる」▶〈get ＋過去分詞〉は動作の意味を表す受動態。

【Q の答え】　tiny pieces of plastic（*ℓ.2*）

→ 答えを確認したら音声を 3 回聞き，3 回音読しよう。

⊙ 以下は前のページで見た文章である。音声を聞きながら空所を埋めよう。

1. Plastic waste is _____.

2. Microplastics _____ as animals.

3. _____ rather than throwing them away.

4. _____ of microplastics?

5. We will have to _____.

*　　　*　　　*

①From the air we breathe to the water we drink, microplastics _____ _____. ②These tiny _____ animals and may pose a health risk to humans as well. ③Unfortunately, simply _____ the problem. ④Plastics are often used in clothing materials, and every time they get washed, _____ _____ and flow out into the environment. ⑤The world will need to work hard to _____.

［日本語訳］①私たちが呼吸する空気から私たちが飲む水まで，マイクロプラスチックは環境の中のあらゆる場所で見つけることができる。②これらのとても小さなプラスチックの破片は動物に有害であり，人間にもまた健康上の危険を及ぼす可能性がある。③残念ながら，ただ単にプラスチック製品をリサイクルすることだけでは，問題を解決しないだろう。④プラスチックはしばしば衣類の生地に使われており，それらが洗濯されるたびに，マイクロプラスチックが水の中でちぎれ，環境中へと流れ出るのである。⑤世界は，プラスチックへの過度の依存を終わらせるために，一生懸命に努力する必要があるだろう。

→ 前で見た表現を使って日本語に合う英文を完成し，声に出して言ってみよう。

1. マイクロプラスチックは**環境**の中のほぼあらゆる場所にある。

   Microplastics _____.

2. これらのとても小さなプラスチックの破片は私たちに**有害**ですか。

   Are _____ us?

3. プラスチック製品を**再生利用する**ことはとても重要だ。

   _____ very important.

4. 私たちは環境問題を**解決する**ため一生懸命に努力しなければならない。

   We must _____.

5. 私たちのプラスチックへの**過度の依存**を終わらせるのは難しいだろう。

   It will be _____.

解答例 1. Microplastics are[exist] almost everywhere in the environment.
2. Are these tiny pieces of plastic harmful to us?
3. Recycling plastic products is very important.
4. We must work hard to solve environmental problems.
5. It will be difficult to end our addiction to plastic.

||| **Output 2** | 英語で表現しよう ［パッセージ］

→ 左ページの［日本語訳］を見ながら，元の英文を思い出してみよう。完璧でなくてもいいから，声に出しながらノートに書いてみて，最後に答え合わせをしよう。

思考力チャレンジ → 次の答えを日本語で言って／書いてみよう。英語で言って／書いてみよう。

・身の回りで，プラスチックでも紙でも作られるものを１つ挙げてみよう。
・製品の材料としてのプラスチックと紙，それぞれの長所・短所を考えてみよう。

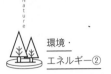

Nature

環境・
エネルギー②

TOPIC 26

温室効果

世界中でさまざまな気候変動をもたらしている「地球温暖化」。その大きな原因となっているのが，温室のように大気中に熱が蓄えられる「温室効果」だ。そんな地球規模の現象と私たち人間とは，どのように関わっているのだろうか。

‖ Warm-up ｜ キーワードを知ろう

🔊 S 26-1

⊙ 次の [ ] から適語を選んで，日本語に合う英文を完成させよう。

[**effect** / **responsibility** / **fossil fuels** / **warming** / **pollute**]

1. 石油や石炭は化石燃料の例である。
   Oil and coal are examples of (　　　　　　).

2. 温室効果は気候変動の原因となっている。
   The greenhouse (　　　　　　) causes climate change.

3. 人間の活動は環境をひどく汚染する。
   Human activities (　　　　　　) the environment heavily.

4. 科学者たちは地球温暖化について何年も警告してきた。
   Scientists have warned about global (　　　　　　) for years.

5. 地球に対する責任について真剣に考えなさい。
   Think seriously about your (　　　　　　) to the earth.

答え 1. fossil fuels　2. effect　3. pollute　4. warming　5. responsibility

⊙ 答えを確認したら音声を 3 回聞き，3 回音読しよう。

➔ まずは最後まで読んでみよう。大体の意味が分かったら，Q の答えを考えよう。

①Many experts point out that human activities like the burning of
専門家　　指摘する　　　　　　　　活動　　　　　　燃やすこと

forests and fossil fuels have produced an excess of gases such as
　　　　　　［　　］　　　Q　　　　過剰

carbon dioxide (CO_2). ②These gases, once released into the atmosphere,
二酸化炭素　　　　　　　　　　　　　放出する　　　　　　　大気

trap heat and cause a gradual warming of the earth known as the
閉じ込める　　　Q　　緩やかな

5 "greenhouse effect." ③Although more research is needed, some scientists
温室　　　［　］

warn that unless people refrain from activities that pollute the
警告する　　～しない限り　　　慎む　　　　　　　　　　　［　］

environment, global warming could still pose a threat to life on the earth.
　　　地球の　　［　］　可能性がある　　もたらす　脅威

④Human beings have to think seriously about their responsibility to the
人類　　　　　　　　　真剣に　　　　　　　　　［　　］

planet.
惑星

Q：2 行目，4 行目の下線部の主語は何か，それぞれ 1 語で抜き出そう。

┌─ ポ イ ン ト ─────────────────────────────
│
│ *ℓ.2* fossil fuels「化石燃料」▶石炭・石油・天然ガスなど，太古の動植物の死骸に由来する燃料。
│ 　　　an excess of ～「～が多すぎること；過剰な～」
│ *ℓ.3* once released「いったん放出されると」＝ once (they are) released
│ *ℓ.4* known as ～「～として知られる」▶前の名詞 warming を修飾。
│ *ℓ.6* warn that (unless ... the environment,) global warming could ～ ▶that 節内の
│ 　　　主語は global warming。unless の節をカッコに入れて考える。
│ 　　　refrain from ～「(行動など) を慎む；差し控える」
│ *ℓ.7* pose a threat to ～「～に対する脅威となる」
│ *ℓ.8* responsibility「責任」< responsible「責任のある」
│
│ 【Q の答え】　2 行目 have produced の主語 ＝ activities
│ 　　　　　　　4 行目 cause の主語 ＝ gases
└──────────────────────────────────────

➔ 答えを確認したら音声を 3 回聞き，3 回音読しよう。

➔ 以下は前のページで見た文章である。音声を聞きながら空所を埋めよう。

1. Oil and coal _____.

2. _____ climate change.

3. Human activities _____.

4. Scientists have _____.

5. Think seriously _____.

*　　　　*　　　　*

①Many experts point out that human activities like _____ _____ have produced an excess of gases such as carbon dioxide (CO_2). ②These gases, once released into the atmosphere, trap heat and cause a gradual warming of the earth _____. ③Although more research is needed, some scientists warn that unless people _____ _____ the environment, _____ ____ a threat to life on the earth. ④Human beings have to think seriously about _____.

[日本語訳] ①森林や化石燃料を燃やすことのような人間の活動が，二酸化炭素（CO_2）などのガスを過剰に生み出してきたと，多くの専門家が指摘する。②これらのガスは，いったん大気中に放出されると，熱を閉じ込めて，「温室効果」として知られる地球の緩やかな温暖化を引き起こす。③さらに研究が必要ではあるが，人々が環境を汚染する活動を慎まない限り，地球温暖化はやはり地球上の生命にとって脅威となる可能性があると，警告する科学者もいる。④人類は，この惑星に対する自分たちの責任について真剣に考えなければならない。

⤵ 前で見た表現を使って日本語に合う英文を完成し，声に出して言ってみよう。

1. 天然ガスは**化石燃料**の一例である。

   Natural gas is _____.

2. この現象は「温室**効果**」として知られている。

   This phenomenon _____.

3. 私たちは環境を**汚染する**活動を止めるべきだ。

   We should stop _____.

4. これらのガスが地球**温暖化**の原因になると，専門家が指摘する。

   Experts point out that _____.

5. 私は地球に対する自分の**責任**について真剣に考えています。

   I am _____ the earth.

解答例 〈
1. Natural gas is <u>an example of fossil fuels</u>.
2. This phenomenon <u>is known as the "greenhouse effect."</u>
3. We should stop <u>activities that pollute the environment</u>.
4. Experts point out that <u>these gases cause global warming</u>.
5. I am <u>thinking seriously about my responsibility to</u> the earth.

⤵ 左ページの［日本語訳］を見ながら，元の英文を思い出してみよう。完璧でなくてもいいから，声に出しながらノートに書いてみて，最後に答え合わせをしよう。

思考力チャレンジ　⤵次の答えを日本語で言って／書いてみよう。英語で言って／書いてみよう。

・身近な環境問題の例を１つ挙げてみよう。

・その問題に対してあなたにはどんなことができるだろうか。

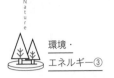

N a t u r e 環境・エネルギー③

TOPIC 27
太陽光発電とコスト

発電の方法はいくつもあるが，それぞれメリットとデメリットがある。環境にやさし

いか？ 安定供給が可能か？ コストは？ 発電効率は？──検討すべき点は多種多様

だ。ここでは太陽光発電について，いくつかの側面から見てみよう。

Warm-up | キーワードを知ろう　　　　🔊 S 27-1

➔ 次の [ ] から適語を選んで，日本語に合う英文を完成させよう。

[**provides / solar power / available / burden / energy sources**]

1. 電気は日本のほとんどどこでも利用可能である。
   Electricity is (　　　　　　　) almost everywhere in Japan.

2. 太陽光エネルギーは毎年，安くなっている。
   (　　　　　　　) is becoming cheaper every year.

3. 太陽と風は，クリーンなエネルギー源である。
   The sun and wind are clean (　　　　　　　).

4. 太陽は私たちに大量のエネルギーを供給してくれる。
   The sun (　　　　　　　) a large amount of energy for us.

5. 私たちは環境への負荷を減らすべきだ。
   We should reduce the (　　　　　　　) on the environment.

答え 1. available　2. Solar power　3. energy sources　4. provides　5. burden

➔ 答えを確認したら音声を3回聞き，3回音読しよう。

→ まずは最後まで読んでみよう。大体の意味が分かったら，**Q** の答えを考えよう。

①The sun offers the most available and pollution-free power in the
　　　　　　提供する　　　　　　　　　[　　]　　　　　　汚染のない

world. ②However, <u>problems with high costs</u> are still preventing solar power
　　　　　　　　　　　　　　Q　　　　　　　　　　妨げる　　　　[　　]

from becoming a more commonly used energy source. ③Giant rural solar
　　　　　　　　　　　　　一般的に　　　　　[　　]　　　　　　田舎の

farms require costly lines to transfer the electricity to the cities where it is
　施 設　　　　　高価な　　　　運 ぶ

5 needed. ④When the sun isn't shining, there's a need for large, high-priced
　必要とする　　　　　　　　　　　　　　　　　必 要　　　　　値段の高い

energy storage systems to provide a constant electricity source. ⑤With
　　　貯 蔵　　システム　　　　[　　]　　　安定的な

advances in technology, these issues are becoming less of a financial
　進 歩　　　　　　　　　　　問題点　　　　より少ない〜　　金銭的な

burden, so the day may come when solar energy will be society's main
　[　　]　　　　　　かもしれない

power source.

　　　　　Q：2 行目 problems with high costs の具体例を 2 つ，日本語で答えよう。

■─ポ│イ│ン│ト─

ℓ.1 pollution-free「汚染のない」▶-free は「〜のない」。stress-free（ストレスのない）など。
　　　power「（動力や発電に使われる）エネルギー」▶ここでは energy とほぼ同じ意味。

ℓ.2 high costs「高いコスト」▶costly（*ℓ.4*），high-priced（*ℓ.5*）につながる。
　　　prevent O from *doing*「O が〜するのを妨げる」

ℓ.6 With advances in 〜「〜の進歩に伴って」

ℓ.7 are becoming less of a 〜「（以前ほど）〜ではなくなりつつある」

ℓ.8 the day may come when 〜「〜する日が来るかもしれない」▶when 〜は day に
　　　かかる関係副詞節。文のバランス上，may come のあとに置かれている。

【Q の答え】・田舎の発電施設から都市に電気を運ぶための電線が必要なこと。(*ℓ.3*)
　　　　　　　　・太陽が出ていないときにエネルギー貯蔵システムが必要なこと。(*ℓ.5*)

→ 答えを確認したら音声を 3 回聞き，3 回音読しよう。

⊙ 以下は前のページで見た文章である。音声を聞きながら空所を埋めよう。

1. Electricity _____ in Japan.

2. _____ every year.

3. The sun and wind _____.

4. The sun _____ for us.

5. We should reduce _____.

*　　　　*　　　　*

①The sun offers _____ in the world. ②However, problems with high costs are still _____ a more _____. ③Giant rural solar farms require costly lines to transfer the electricity to the cities where it is needed. ④When the sun isn't shining, there's a need for large, high-priced energy storage systems to _____. ⑤With advances in technology, these issues _____, so the day may come when solar energy will be society's main power source.

[日本語訳] ①太陽は，世界で最も利用可能で汚染のないエネルギーを提供してくれる。②しかし，高いコストに関わる問題のために，依然として太陽光エネルギーはもっと一般的に使われるエネルギー源になれずにいる。③巨大な田舎の太陽光（発電）施設は，電気の需要がある都市まで電気を運ぶための高価な電線を必要とする。④太陽が輝いていないときには，安定的な電源を供給するための，大規模で値段の高いエネルギー貯蔵システムが必要となる。⑤科学技術の進歩に伴って，これらの問題点は（以前より）金銭的な負荷［負担］ではなくなりつつあるので，太陽光エネルギーが社会の主要なエネルギー源になる日が来るかもしれない。

➔ 前で見た表現を使って日本語に合う英文を完成し，声に出して言ってみよう。

1. **太陽光エネルギー**は，太陽が輝いているときに**利用可能**である。

   ＿＿＿＿＿＿＿＿＿＿＿＿＿＿＿＿＿＿＿＿＿＿＿ the sun shines.

2. 日本で最も一般的に使われている**エネルギー源**は何ですか。

   What is ＿＿＿＿＿＿＿＿＿＿＿＿＿＿＿＿＿＿＿ in Japan?

3. この太陽光発電施設は，何百万の家庭に電気を**供給している**。

   This ＿＿＿＿＿＿＿＿＿＿＿＿＿＿＿＿＿＿＿ millions of homes.

4. 私たちは，環境への**負荷**を減らすためにクリーンなエネルギーを使う。

   We use clean energy ＿＿＿＿＿＿＿＿＿＿＿＿＿ the environment.

5. 科学技術の**進歩**に伴って，私たちの生活はより便利になっている。

   Our life is becoming more ＿＿＿＿＿＿＿＿＿＿＿＿＿.

解答例 1. Solar power is available when the sun shines.
2. What is the most commonly used energy source in Japan?
3. This solar farm provides electricity for millions of homes.
4. We use clean energy to reduce the burden on the environment.
5. Our life is becoming more convenient with advances in technology.

Output 2 | 英語で表現しよう ［パッセージ］

➔ 左ページの ［日本語訳］ を見ながら，元の英文を思い出してみよう。完璧でなくてもいいから，声に出しながらノートに書いてみて，最後に答え合わせをしよう。

思考力チャレンジ ➔ 次の答えを日本語で言って／書いてみよう。英語で言って／書いてみよう。

・太陽光以外の発電方法には，例えば何がある？
・その発電方法のメリットとデメリットを 1 つずつ考えてみよう。

PICK UP

環境・エネルギー

過去の入試で実際に出題されたトピックに触れて，トピック力の幅を広げよう。

◆ 水不足と節水　[甲南大学]

1.真水が豊富にある地域でも雨が少なければ 2.水不足になる。川や湖の水が 3.汚染のために使えないこともあるし，水の供給量が同じなら，人口が増えると水不足になる。4.水を節約するための効率よい方法を工夫する必要がある。

1. areas with plenty of fresh water　　2. water shortage

3. be unusable because of pollution　　4. save water

◆ 生物多様性の減少　[学習院大学]

人間のせいで多くの 1.植物と動物の種（しゅ）が 2.絶滅の危機に瀕している。3.生物多様性の減少は経済や食料確保や健康などに関わり，4.人類の生存に大きな影響を及ぼす。世界中の国々が協力して食い止めなければならない。

1. plant and animal species　　　　2. are threatened with extinction

3. the decline of biodiversity

4. have a major impact on human survival

◆ バイオ燃料とは　[秋田県立大学]

1.深刻化するエネルギー問題への解決策として 2.バイオ燃料が人気を得ている。3.再生可能な資源であり，元になる植物は成長過程で二酸化炭素を吸収する。しかし，生産するために 4.大量のエネルギーを消費するなどの問題もある。

1. growing energy problems　　　　2. biofuels are becoming popular

3. renewable resource　　　　　　　4. consumes a lot of energy

◆ ヒートアイランド現象　[**獨協大学**]

> 都市の気温が周囲より上がると 1.<u>都市ヒートアイランド</u>が生じる。空調や自動車などが熱を生み，ビルのコンクリートが 2.<u>熱を捉えて閉じ込める</u>。植物を増やせば 3.<u>熱と大気汚染を減らし</u>，4.<u>空気をよりきれいに涼しく保つ</u>効果がある。

1. urban heat islands
2. capturing and holding heat
3. reducing heat and air pollution
4. keep the air cleaner and cooler

◆ 気候変動の影響　[**南山大学**]

> 気候変動に対して 1.<u>至急何かをする必要がある</u>。気温上昇は，2.<u>異常気象</u>や 3.<u>海水位の上昇</u>，干ばつや洪水など多くの深刻な影響をもたらしている。気候変動は人間が生んだ問題だが，人間には 4.<u>それを解決する並外れた能力</u>もある。

1. something needs to be done urgently
2. extreme weather
3. rising sea levels
4. an extraordinary ability to solve it

英作文　出題例　まずは日本語でよいので，自分なりの答えを考えてみよう。

1. 地球温暖化（global warming）対策について我々が日常生活ですべきことを2つ提案し，それらを選んだ理由とともに英語で述べよ。[**釧路公立大学**]

2. What can we do to make our schools more environmentally-friendly?
   （学校を環境にやさしくするために何ができるか）[**愛媛大学**]

3. What do you imagine will be the greatest environmental concern of our planet in twenty years?（20年後には何が地球環境に関する最大の懸念材料になると思うか）
   [**青山学院大学**]

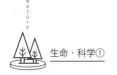

TOPIC 28

都会の鳥と田舎の鳥

都会育ちの鳥と，田舎育ちの鳥。賢いのはどちらで，病気に強いのはどちらだろうか。

科学とは，予想を立て，実験・調査で確かめてみること。対象はさまざまでも，「仮説と検証」という方法はすべての科学分野に共通するものだ。

‖‖‖ Warm-up ｜ キーワードを知ろう　　　🔊 S 28-1

➔ 次の [　] から適語を選んで，日本語に合う英文を完成させよう。

[**findings / comparison / study / researchers / conducted**]

1. 最近の研究で，鳥はとても賢いことが明らかになった。
   A recent (　　　　　　　　) has shown that birds are very smart.

2. 彼らは，それらの鳥にいくつかのテストを実施した。
   They (　　　　　　) some tests on those birds.

3. 科学者たちは，動物の行動についての研究結果を報告した。
   The scientists reported their (　　　　　　) about animal behavior.

4. その研究者たちは新発見をしたようだ。
   It seems that the (　　　　　) have made a new discovery.

5. ネコと比較して，イヌは人なつっこい。
   Dogs are friendly in (　　　　　) to cats.

答え｜ 1. study　2. conducted　3. findings　4. researchers　5. comparison

➔ 答えを確認したら音声を 3 回聞き，3 回音読しよう。

➔ まずは最後まで読んでみよう。大体の意味が分かったら，**Q** の答えを考えよう。

①In one study, scientists took 53 birds from urban and rural areas,
  [　]   Q   つかまえる   都会の   田舎の

conducted a variety of tests, released them back into their natural
  [　]   さまざまな〜   解き放つ

surroundings, and reported their findings. ②The birds from urban areas
  環境   報告する   [　]

were better at problem-solving tasks than the ones from rural
  得意な   問題解決の   課題

5 environments. ③The urban birds had more capacity to resist disease than
                           能力   抵抗する 病気

the rural ones. ④The researchers had expected that in comparison to the
               [　]   予想する   [　]

rural birds, the urban birds would be smarter but weaker. ⑤Being both
                      賢い

smart and strong was thought to be unlikely. ⑥However, it seems that
               ありそうにない

urban birds have it all.
  すべてに恵まれている

Q：1 行目の主語 scientists に対する動詞を文中からすべて抜き出そう。

―ポイント―

ℓ.4 were better at ▶ be good at の比較級。
      ones = birds
ℓ.5 have capacity to *do*「〜する能力を持っている」
ℓ.6 had expected that 〜「（調査する前には）〜と予想していた」▶ that 節内の主語
      は the urban birds。in comparison to the rural birds はカッコに入れて考える。
      in comparison to 〜「〜と比較して」
ℓ.7 Being both 〜「〜の両方であること」▶次行の was の主語となる動名詞句。
ℓ.8 was thought to be 〜「〜だと考えられていた」
      unlikely「ありそうにない」< likely「ありそうな；可能性の高い」

【Q の答え】 took, conducted, released, reported

➔ 答えを確認したら音声を 3 回聞き，3 回音読しよう。

⊙ 以下は前のページで見た文章である。音声を聞きながら空所を埋めよう。

1. _____ birds are very smart.

2. They _____.

3. The scientists _____ animal behavior.

4. It seems that _____.

5. Dogs are _____.

*　　　*　　　*

①_____ 53 birds from urban and rural areas, _____, released them back into their natural surroundings, _____. ②The birds from urban areas were better at problem-solving tasks than the ones from rural environments. ③The urban birds had more capacity to resist disease than the rural ones. ④_____ that _____, the urban birds would be smarter but weaker. ⑤Being both smart and strong was thought to be unlikely. ⑥However, it seems that urban birds have it all.

[日本語訳] ①ある研究で，科学者たちは都会の地域と田舎の地域から53羽の鳥をつかまえて，さまざまなテストを実施し，それらを元の環境に返してやり，研究結果を報告した。②都会の地域からの鳥は，田舎の環境からの鳥よりも問題解決の課題が得意だった。③都会の鳥は，田舎の鳥よりも病気に抵抗する能力が高かった。④研究者たちは，都会の鳥は田舎の鳥と比較して，賢いけれども弱いだろうと予想していた。⑤賢くも強くもあるということは，ありそうにないと考えられていた。⑥しかし，都会の鳥はすべてに恵まれている［賢く，かつ強い］ようだった。

➔ 前で見た表現を使って日本語に合う英文を完成し，声に出して言ってみよう。

1. 最近の**研究**で，驚くべき発見がなされた。

   A surprising discovery has _____.

2. 彼らは，それらの鳥にさまざまなテストを**実施する**だろう。

   They will _____ those birds.

3. その**研究者たち**は，新しい**研究結果**をインターネットで報告した。

   The _____ on the Internet.

4. イヌやネコと**比較**して，ウサギは人気がない。

   Rabbits are not _____ and cats.

5. この鳥はとても賢い**ようだ**。

   It _____ very smart.

解答例 ❮　1. A surprising discovery has <u>been made in a recent study</u>.
2. They will <u>conduct a variety of tests on</u> those birds.
3. The <u>researchers reported their new findings</u> on the Internet.
4. Rabbits are not <u>popular in comparison to dogs</u> and cats.
5. It <u>seems that this bird is</u> very smart.

Output 2　│　英語で表現しよう［パッセージ］

➔ 左ページの［日本語訳］を見ながら，元の英文を思い出してみよう。完璧でなくてもいいから，声に出しながらノートに書いてみて，最後に答え合わせをしよう。

┌───┐
思考力チャレンジ　➔ 次の答えを日本語で言って／書いてみよう。英語で言って／書いてみよう。

・あなたが賢いと思う動物を1つ挙げてみよう。
・その動物はどんな点で賢いと思う？
└───┘

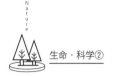

N
a
t
u
r
e

生命・科学②

TOPIC 29

薬と毒を分けるもの

「毒にも薬にもならない」とはよく言うが，逆に「毒にも薬にもなる」ものもある。

体に良い効果があれば薬，悪い影響があれば毒——分かりやすい定義だが，では「良

い」と「悪い」はどう区別するのか。定義と区別の追求は思考を深めてくれる。

‖‖ Warm-up | キーワードを知ろう   🔊 S 29-1

⊙ 次の [　] から適語を選んで，日本語に合う英文を完成させよう。

[**poisons / definition / depending on / drug / amounts**]

1. 薬物は，あなたの体や心に変化を引き起こす。

　　A (　　　　　　　　) causes changes in your body or mind.

2. 塩は大量に取るとあなたに害を及ぼすだろう。

　　Salt will harm you if you take it in large (　　　　　　).

3. 私は辞書でその単語の定義を調べた。

　　I looked up the (　　　　　　) of the word in my dictionary.

4. 毒物は，注意深く使用されれば有用な薬物になりうるものもある。

　　Some (　　　　　　) can be useful drugs when used carefully.

5. すべてのものは，どう使うかによって良くも悪くもなりうる。

　　Everything can be good or bad (　　　　　　) how you use it.

答え〈　1. drug　2. amounts　3. definition　4. poisons　5. depending on

⊙ 答えを確認したら音声を 3 回聞き，3 回音読しよう。

➔ まずは最後まで読んでみよう。大体の意味が分かったら，Q の答えを考えよう。

①The word "drug" means anything that, even in small amounts,
[　　]　　　　　　　　　　　　　　　　　　　〜であっても　　　　　[　　]

produces changes in the body, the mind, or both. ②This definition,
もたらす　　　　　　　　　　　　　　　　　　心　　　　　　　　　　Q　[　　]

however, does not clearly separate drugs from what we usually think of as
区別する　　　　　　　　　　　　　　　　〜と見なす

food. ③The difference between a drug and a poison is also unclear. ④All
違い　　　　　　　　　　　　　　[　　]　　　　　不明確な

5 drugs become poisons in large amounts, and many poisons are useful
役に立つ

drugs in carefully controlled amounts. ⑤Is alcohol, for instance, a food, a
管理された　　　　　　　アルコール　例えば

drug, or a poison? ⑥It can be any of the three, depending on how we use
〜でありうる　　　　　　　　　　　　　　　[　　]

it.

Q：2 行目の This definition の内容を日本語で説明しよう。

■ ┌ポイント┐

ℓ.1 drug「薬；薬物」▶「心身の機能に変化をもたらす物質」を指し，麻薬なども含む。「薬」
は日常的には medicine と言うことが多い。take medicine「薬を飲む」など。

anything that (, even in small amounts,) produces ... ▶that は主格の関係代名詞で，
produces が述語動詞。コンマで挟まれた挿入句に注意。

in small amounts「少量で」▶amount「量」の大小には small / large を使う。

ℓ.3 what we usually 〜「私たちがふだん〜するもの」▶what は関係代名詞。

think of A as B「A を B と見なす」▶ここで A に当たるのは what。

ℓ.6 in carefully controlled amounts「注意深く管理された量であれば」

ℓ.7 can be any of 〜「〜のどれでもありうる」▶この can は「可能性」を表す。

depending on 〜「〜によって；〜次第で」

how we use it「私たちがそれをどのように使うか」▶名詞節。

【Q の答え】「薬物」とは，少量であっても，体や心，またはその両方に変化をも
たらすものであるという定義。

➔ 答えを確認したら音声を 3 回聞き，3 回音読しよう。

→ 以下は前のページで見た文章である。音声を聞きながら空所を埋めよう。

1. _____ your body or mind.

2. Salt will harm you if you _____ .

3. I looked up _____ in my dictionary.

4. _____ when used carefully.

5. Everything can be good or bad _____ .

         *   *   *

①_____ anything that, _____

_____ , produces changes in the body, the mind, or both. ②_____

_____ clearly separate drugs from what we usually

think of as food. ③_____ is also unclear. ④All

drugs become poisons in large amounts, and many poisons are useful

drugs in carefully controlled amounts. ⑤Is alcohol, for instance, a food, a

drug, or a poison? ⑥It can be any of the three, _____

____ .

[日本語訳] ①「薬物」という語は，少量であっても体や心，またはその両方に変化を
もたらすどのようなものも意味する。②しかし，この定義は，私たちがふだん食物と
見なしているものから薬物をはっきりとは区別しない。③薬物と毒物の違いもまた不
明確である。④すべての薬物は大量なら毒物になるし，多くの毒物は，注意深く管理
された量であれば，有用な薬物である。⑤例えばアルコールは，食物だろうか，薬物
だろうか，毒物だろうか。⑥それは，私たちがどう使うかによって，３つのうちのど
れでもありうるのである。

⊙ 前で見た表現を使って日本語に合う英文を完成し，声に出して言ってみよう。

1. この**薬物**は，あなたの体に１つの変化を引き起こすだろう。

   This _____ in your body.

2. この**毒物**は，少しの量でもあなたに害を及ぼすだろう。

   _____ will harm you _____.

3. "drug" という語の**定義**は何ですか。

   What is _____?

4. それは，どれくらい多く使うか**によって**，薬物にも毒物にもなる。

   It can be a drug or a poison, _____.

5. 人々は以前，お茶を薬物と**見なしていた**。

   People used to _____.

解答例 1. This <u>drug will cause[produce] a change</u> in your body.
2. <u>This poison</u> will harm you <u>even in small amounts</u>.
3. What is <u>the definition of the word "drug"</u>?
4. It can be a drug or a poison, <u>depending on how much you[we] use it</u>.
5. People used to <u>think of tea as a drug</u>.

Output 2 | 英語で表現しよう［パッセージ］

⊙ 左ページの［日本語訳］を見ながら，元の英文を思い出してみよう。完璧でなくてもいいから，声に出しながらノートに書いてみて，最後に答え合わせをしよう。

思考力チャレンジ　⊙次の答えを日本語で言って／書いてみよう。英語で言って／書いてみよう。

・使い方によって良くも悪くもなるものの例を１つ挙げてみよう。
・それを良く使ったとき，悪く使ったとき，それぞれどうなる？

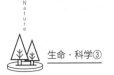

TOPIC 30

火星への移住

私たちの祖先が海を渡って新天地を探し求めたのと同様に，将来の人類は地球を離れて他の星々に移り住むことになるのだろうか。私たちの科学技術はすでに「火星に住むにはどうすればよいか」を具体的に研究する段階に来ている。

▐▐ Warm-up ┃ キーワードを知ろう　　　　🔊 S 30-1

⊙ 次の ［　］ から適語を選んで，日本語に合う英文を完成させよう。

［ **survive / atmosphere / humanity / oxygen / planet** ］

1. 人類の未来は宇宙空間にある。
   The future of (　　　　　　) is in outer space.

2. 火星は地球に似た惑星である。
   Mars is a (　　　　　　) similar to Earth.

3. 火星はとても薄い大気しか持っていない。
   Mars has only a very thin (　　　　　　).

4. すべての生物は生き延びるために水を必要とする。
   All living things need water in order to (　　　　　　).

5. 植物は日中に酸素を生産する。
   Plants produce (　　　　　　) in the daytime.

答え　1. humanity　2. planet　3. atmosphere　4. survive　5. oxygen

⊙ 答えを確認したら音声を 3 回聞き，3 回音読しよう。

➔ まずは最後まで読んでみよう。大体の意味が分かったら，**Q** の答えを考えよう。

①The future of humanity may depend upon our ability to colonize
[　]　　　　　　　　　　　〜によって決まる　　　　　　　　　　　　植民地にする

planets beyond the solar system. ②But before we travel to distant stars,
[　]　〜を越えた　　太陽系　　　　　　　　　　　　　　　　　　　　遠方の

we have to try living on one of our neighbors. ③Mars, a planet similar to
　　　　　〜してみる　　　　　　隣のもの　　　　　　　　Mars
　　　　　　　　　　　　　　　　　　　　　　　　　　　　Q

Earth, has been shown to have liquid water. ④Unlike Earth, however,
　　　　　　示す　　　　　　　　液体の　　　　　　〜と違って

5　about 95 percent of its atmosphere is carbon dioxide. ⑤In order to
　　　　　　　　　　　[　]　　　　　　　　　　　二酸化炭素

survive there, inhabitants will need a way to produce oxygen. ⑥Scientists
[　]　　　　　　　　住民　　　　　　　　　　　　　生産する　　[　]

are already in the process of developing and testing such technology.
　　　　　　　　　過程　　　　　　開発する

　Q：3行目 Mars と同じことを言っている語句を2つ，それぞれ5語以内で抜き出そう。

───

■ ─ポイント─────────────────────────────

ℓ.1 depend upon[on] 〜 「〜によって決まる；〜次第である」
　　colonize「（土地）を植民地として開拓する」< colony「植民地」

ℓ.2 planets beyond the solar system「太陽系を越えた（外部の）惑星」

ℓ.3 Mars, a planet similar to Earth, 〜 ▶コンマで挟まれた同格語句は Mars の言い換え。
　　similar to 〜「〜に似た」▶a planet を後ろから修飾している。

ℓ.4 Earth「地球」▶地球を惑星の1つと考えるとき，無冠詞で Earth とすることがある。
　　be shown to do「〜することが示される［証明される］」

ℓ.5 in order to do「〜するために」▶目的を表す。

ℓ.6 survive「生き延びる；生きていく」> survival「生き残ること；存続」
　　a way to do「〜するための方法」

ℓ.7 be in the process of doing「〜しているところである」

【Q の答え】 one of our neighbors, a planet similar to Earth

───

➔ 答えを確認したら音声を3回聞き，3回音読しよう。

⊙ 以下は前のページで見た文章である。音声を聞きながら空所を埋めよう。

1. _____ in outer space.

2. Mars is _____.

3. Mars has _____.

4. All living things _____.

5. Plants _____.

*　　　　*　　　　*

① _____ our ability to colonize _____

_____. ② But before we travel to distant stars, we have to try

living on one of our neighbors. ③ Mars, a planet similar to Earth, has been

shown to have liquid water. ④ Unlike Earth, however, _____

_____ carbon dioxide. ⑤ _____, inhabitants

will need _____. ⑥ Scientists are already in the

process of developing and testing such technology.

[日本語訳] ①人類の未来は，太陽系のかなたにある惑星を植民地にする私たちの能力によって決まるかもしれない。②しかし，遠方の星々へと旅する前に，私たちは，試しに隣の惑星の１つに住んでみなければならない。③地球に似た惑星である火星は，液体の水を持っているということが示されている。④しかしながら，地球と違って，その［火星の］大気の95％が二酸化炭素である。⑤そこで生き延びるためには，住民は酸素を生み出す方法を必要とするだろう。⑥科学者たちはすでに，そのような技術を開発して試験しているところである。

→ 前で見た表現を使って日本語に合う英文を完成し，声に出して言ってみよう。

1. **人類**の未来は私たちの今の行動によって決まる。

_____ our actions now.

2. その星は，地球に似た**惑星**を持っているかもしれない。

The star _____.

3. 地球の**大気**の約 20％は**酸素**である。

About 20 percent _____.

4. 植物は**生き延びる**ために二酸化炭素を必要とする。

Plants _____.

5. 私たちは火星で食料を**生産する方法**を必要とするだろう。

We will _____ on Mars.

解答例 1. The future of humanity depends upon[on] our actions now.
2. The star may have a planet similar to Earth[the earth].
3. About 20 percent of Earth's[the earth's] atmosphere is oxygen.
4. Plants need carbon dioxide (in order) to survive.
5. We will need a way to produce food on Mars.

‖ **Output 2** │ 英語で表現しよう［パッセージ］

→ 左ページの［日本語訳］を見ながら，元の英文を思い出してみよう。完璧でなくてもいいから，声に出しながらノートに書いてみて，最後に答え合わせをしよう。

思考力チャレンジ → 次の答えを日本語で言って／書いてみよう。英語で言って／書いてみよう。

・人類は将来，火星に移住すべきだと思う？ 思わない？
・そのように考えるのはなぜ？

PICK UP

生命・科学

過去の入試で実際に出題されたトピックに触れて，トピック力の幅を広げよう。

◆ 生物の体内時計　[愛知学院大学]

動物・植物には ₁体内時計が備わっており，₂眠りや食事などの規則的な活動を
コントロールしている。体内時計は ₃新しい環境に順応することもできる。私
たちは海外へ行ったときなど，₄それを異なる時間に合わせられるようになる。

1. a biological clock

2. regular activities such as sleeping and eating

3. adapt to new circumstances　　4. set it to a different time

◆ 宇宙人へのメッセージ　[成蹊大学]

惑星探査を終えて太陽系を飛び出した ₁宇宙船ボイジャー1号は，地球の写真
や言語・音楽など多くのメッセージを載せている。₂遠い未来には，₃地球外
文明により回収され，₄知的生命体がそれを解読するかもしれない。

1. spacecraft　　　　　　　　　　2. in the distant future

3. alien civilization　　　　　　　4. intelligent life

◆ 人類の進化的特徴　[関西大学]

人類は ₁進化によって ₂並外れて大きな脳を得た。また ₃二本足で直立して歩
くことで手が自由になり，道具使用を始めた。しかし人類は急速に ₄食物連鎖
の上位に立ったため，生態系のバランスを崩すなどの問題も引き起こしている。

1. evolution　　　　　　　　　　2. extraordinarily large brains

3. walk upright on two legs　　　　4. food chain

◆ 犬と人間の特別な関係　[**中央大学**]

> 1.動物の行動の研究分野で 2.犬の知能は大きなテーマだ。犬は賢い上に，困っ
> たら人間に助けを求めるなど，人間と特別な関係にある。犬が人間と目を合わ
> せると，人間の脳で 3.愛着ときずなの形成に関わる 4.ホルモンの急増が起こる。

1. animal behavior
2. dog intelligence
3. involved in attachment and bonding
4. a rapid increase in a hormone

◆ 地震予知はできるか　[**名城大学**]

> 1.危険性の高い地域を言うことはできるが，2.地震を予知することはまだでき
> ない。世界中の科学者たちが 3.地震を引き起こす原因を研究している。地震発
> 生を 4.早期に警告するシステムができれば，多くの命を救うことができる。

1. a high-risk area
2. predict an earthquake
3. cause an earthquake
4. early-warning systems

英作文 出題例　まずは日本語でよいので，自分なりの答えを考えてみよう。

1. もしも人間以外の動物として生まれてくるとしたら，あなたはどのような動物として
生まれてきたいですか。[**中央大学**]

2. What is the most interesting thing you have learned in science so far?
（今までに科学 [理科] で学んだことのうち，最も興味深いことは何か）[**埼玉大学**]

3. In the future, science may make it possible for people to live a healthy life to the
age of 150. What would be the advantages and disadvantages of living longer?
（将来，科学の発達で 150 歳まで健康で生きられるようになるかもしれない。長生き
することのメリットとデメリットは何だと思うか）[**明治学院大学**]

キーワードレビュー ⊙ 英文を声に出して読み，意味を言ってみよう。

TOPIC 01 **子どもと好奇心** [p.10]

1. I couldn't **handle** the problem.
2. Playing is important for a child's **development**.
3. How can I **encourage** children to read books?
4. Children are **curious** about everything.
5. He feels **nervous** about going to a new school.

TOPIC 02 **新しい学びの形** [p.14]

1. **Practical** activities are becoming more important in class.
2. Many students say that they don't like **memorization** of facts.
3. Children learn a lot of things through actual **experience**.
4. This game is **educational** as well as enjoyable.
5. Students are more interested in **science** than before.

TOPIC 03 **読書と学力** [p.18]

1. I'm reading this book as a school **assignment** rather than for fun.
2. She usually **performs** better on tests than most students.
3. I think reading is more **beneficial** than watching TV.
4. Some people prefer **digital** books to paper books.
5. **Literacy** means the ability to read and write.

TOPIC 04 **睡眠の重要性** [p.24]

1. The data **indicates** that sleep is important for keeping ourselves healthy.
2. Not getting enough sleep is **unhealthy**.
3. Lack of sleep can shorten your **life span**.
4. Too much stress will have a **negative** influence on our bodies.
5. Smoking is **associated** with many different diseases.

TOPIC 05 **ペットセラピー** [p.28]

1. Playing with animals can help lower **stress**.
2. You must take care of both **physical** and mental health.
3. The elderly man has some **medical** problems.
4. Using this drug is an effective **treatment** for the flu.
5. The **patient** is feeling better through pet therapy.

TOPIC 06 **アレルギーの原因** [p.32]

1. I have an **allergy** to pollen.
2. Most children are **brought up** in a clean environment.
3. Babies shouldn't be **exposed** to direct sunlight.
4. An allergen is a **substance** that causes an allergy.
5. Your body will soon build up **immunity** to the virus.

日本語の意味を表す英文を言ってみよう。

---

1. 私はその問題に**うまく対応する**ことができなかった。
2. 遊ぶことは子どもの**発達**にとって重要である。
3. どうしたら子どもが本を読む**よう促す**ことができるだろうか。
4. 子どもはあらゆることに**好奇心がある**。
5. 彼は新しい学校へ行くことを**不安に**感じている。

---

1. 授業において，**実践的な**活動がより重要になりつつある。
2. 多くの生徒たちは，事実の**暗記**が好きではないと言う。
3. 子どもたちは実際の**経験**を通じて多くのことを学ぶ。
4. このゲームは楽しめるだけでなく，**教育的**でもある。
5. 生徒たちは以前よりも**科学** [理科] に関心を持っている。

---

1. 私はこの本を，楽しみのためではなく学校の**宿題**として読んでいる。
2. 彼女はふだん，ほとんどの生徒よりもテストでよい**成績を取る**。
3. 私は，読書はテレビを見るよりも**有益**だと思う。
4. 紙の本より**デジタルの**本を好む人もいる。
5. **リテラシー** [**読み書き能力**] とは，読んだり書いたりする能力を意味する。

---

1. データは，睡眠が健康を保つのに重要であることを**示している**。
2. 十分な睡眠を取らないのは**不健康だ**。
3. 睡眠不足はあなたの**寿命**を縮める可能性がある。
4. ストレスが多すぎると，体に**悪い影響**があるだろう。
5. 喫煙は，多くの異なる病気と**関連している**。

---

1. 動物と遊ぶことは**ストレス**を減らすのに役立ちうる。
2. あなたは**肉体的な**健康と精神的な健康の両方に気をつけなければならない。
3. その年配の男性はいくつかの**医学的な**問題を抱えている。
4. この薬を使うことはインフルエンザに対する有効な**治療法**である。
5. その**患者**はペットセラピーによって具合がよくなりつつある。

---

1. 私は花粉に**アレルギー**があります [花粉症です]。
2. たいていの子どもは清潔な環境で**育てられる**。
3. 赤ん坊は直射日光に**さらされる**べきではない。
4. アレルゲンとは，アレルギーを引き起こす**物質**だ。
5. あなたの体はやがてそのウイルスに対する**免疫**をつけるでしょう。

キーワードレビュー ⟐ 英文を声に出して読み，意味を言ってみよう。

TOPIC 07 人生における成功 [p.38]

1. I'm interested in a **career** in the fashion business.
2. She worked hard to **achieve** her goal.
3. I haven't built a good **relationship** with him yet.
4. My **purpose** in life is to make you happy.
5. She has a strong **passion** for music.

TOPIC 08 「事実」と「知識」 [p.42]

1. How do you **reason** that he stole the money?
2. I have reached the same **conclusion** as you.
3. I have very little **knowledge** of economics.
4. She gave me a useful piece of **information**.
5. It's difficult to make a correct **prediction** about the future.

TOPIC 09 問題解決の方法 [p.46]

1. Different people have different **approaches** to life.
2. I wonder how we should **deal with** the problem.
3. Young people **tend to** spend a long time with their friends.
4. Everything has **positive** and negative points.
5. We must learn to **recognize** the importance of cooperation.

TOPIC 10 スピーチのコツ [p.52]

1. I will tell you how to make a good **speech**.
2. **Abstract** words are more difficult than **concrete** words.
3. The word "sashimi" **refers** to sliced raw fish.
4. Can you **illustrate** the meaning with an example?
5. Even a good speaker gets nervous before a large **audience**.

TOPIC 11 沈黙の意味 [p.56]

1. Body language is an important part of **communication**.
2. Communication is the main **function** of language.
3. Does his silence **imply** agreement?
4. **Authority** means the power to give orders or make decisions.
5. He showed his **obedience** by remaining silent.

TOPIC 12 言語学習の時期 [p.60]

1. Young children have an **advantage** in language learning.
2. I learned English through **interaction** with native speakers.
3. Many students **acquire** second language skills in school.
4. You should **focus** on practicing pronunciation first.
5. Children learn their **mother tongue** naturally from their parents.

→ 日本語の意味を表す英文を言ってみよう。

---

1. 私はファッション業界の**仕事**に興味がある。
2. 彼女は目標を**達成する**ため熱心に働いた。
3. 私はまだ彼とよい**関係**を築いていません。
4. 私の人生の**目的**は，あなたを幸せにすることです。
5. 彼女は音楽に強い**情熱**を持っている。

---

1. あなたはどのようにして，彼がお金を盗んだと**推論する**のですか。
2. 私はあなたと同じ**結論**にたどり着いた。
3. 私は経済学の**知識**をほとんど持っていない。
4. 彼女は私に，役に立つ**情報**を1つくれた。
5. 未来について正確な**予測**をするのは難しい。

---

1. 人が違えば人生への**取り組み方**も異なる。
2. 私たちはどのようにその問題**に対処する**べきだろうか。
3. 若い人たちは友達と長い時間を過ごす**傾向がある**。
4. 何事にも**プラスの**点とマイナスの点がある。
5. 私たちは協力の大切さを**認識する**ことを学ばなければならない。

---

1. よい**スピーチ**をする方法をあなたに教えましょう。
2. **抽象的な**語は**具体的な**語よりも難しい。
3. 「サシミ」という単語は，スライスされた生の魚のことを**指す**。
4. その意味を実例で**説明する**ことはできますか。
5. 話のうまい人でさえ，おおぜいの**聴衆**の前では緊張する。

---

1. ボディーランゲージは**コミュニケーション**の重要な一部である。
2. コミュニケーションは言語の主要な**機能**である。
3. 彼の沈黙は同意を**暗に意味している**のだろうか。
4. **権威**とは，命令したり決定したりする権力を意味する。
5. 彼は黙ったままでいることで，**服従**を表した。

---

1. 幼い子どもたちは言語学習において**強み**を持っている。
2. 私はネイティブスピーカーとの**やりとり**を通じて英語を身につけた。
3. 多くの学生は第二言語のスキルを学校で**習得する**。
4. あなたはまず発音を練習することに**集中する**ほうがいい。
5. 子どもたちは両親から自然に**母語**を学ぶ。

キーワードレビュー　🔊 英文を声に出して読み，意味を言ってみよう。

1. Do you think **robots** will take over all human jobs?
2. Artificial **intelligence** may replace human labor.
3. This robot performs tasks **efficiently** without mistakes.
4. We can make more products thanks to **automation**.
5. Many countries are suffering from a labor **shortage**.

1. You can use this **online** service on your smartphone.
2. E-mail allows us to **communicate** with each other immediately.
3. Parents are **concerned** about young children using social media.
4. Is there any **risk** in using this new service?
5. You should try to protect your **privacy** on the Internet.

1. **Technology** has greatly changed our ways of thinking.
2. A microscope is a **device** that makes small things look large.
3. We use our five **senses** to gather information about the world.
4. X-rays **enable** us to look inside an object.
5. The star is **invisible** to the naked eye.

1. She likes to follow the latest fashion **trends**.
2. Advertisements greatly **influence** what we buy.
3. The **press** reported on the fashion show.
4. Fashion critics introduced new trends to the **public**.
5. A **consumer** is someone who buys things or uses services.

1. About 800 million people suffer from **hunger** around the world.
2. He threw the spoiled fish into the **garbage** dump.
3. The store is making an effort to reduce food **waste**.
4. The news raised **awareness** about food problems.
5. "Food **security**" means that everyone has access to necessary food at any tim

1. Japan is facing social problems due to an **aging** population.
2. Japan's **birth rate** has declined in the last 50 years.
3. Women make up about half of the **workforce**.
4. She **retired** from the company at the age of 65.
5. The **government** is attempting to pass a new law.

→ 日本語の意味を表す英文を言ってみよう。

---

1. あなたは**ロボット**がすべての人間の仕事を代わりに行うと思いますか。
2. 人工**知能**は人間の労働に取って代わるかもしれない。
3. このロボットは，間違えることなく**効率的**に作業を行う。
4. **自動化**のおかげで，私たちはより多くの製品を作ることができる。
5. 多くの国が労働力**不足**に苦しんでいる。

---

1. この**オンライン**のサービスはスマホで利用できる。
2. E メールのおかげで私たちはお互いに即座に**やりとりする**ことができる。
3. 親たちは幼い子どもがソーシャルメディアを使うことを**心配して**いる。
4. この新しいサービスを使うことに**危険性**はありますか。
5. インターネットでは自分の**プライバシー**を守ろうとするべきです。

---

1. **科学技術**は私たちのものの考え方を大きく変えてきた。
2. 顕微鏡は，小さなものを大きく見えるようにする**装置**である。
3. 私たちは世界に関する情報を集めるために 5 つの**感覚**（五感）を使う。
4. エックス線は，私たちが物体の内部を見ることを**可能にする**。
5. その星は肉眼には**見えない**。

---

1. 彼女は最新のファッションの**流行**を追うのが好きだ。
2. 広告は，私たちが何を買うかに大きく**影響を与える**。
3. **報道機関**［**マスコミ**］が，そのファッションショーについて報道した。
4. ファッション評論家たちが，新しい流行を**大衆**に紹介した。
5. **消費者**とは，ものを買ったりサービスを利用したりする人である。

---

1. 世界中で約 8 億人が**飢え**に苦しんでいる。
2. 彼は悪くなった魚を**ごみ捨て場**に捨てた。
3. その店は食品**廃棄物**を減らす努力をしている。
4. そのニュースは食料問題に関する**意識**を高めた。
5. 「食料**安全保障**」とは，誰もがいつでも必要な食料を入手できることを意味する。

---

1. 日本は**高齢化する**人口のために社会問題に直面している。
2. 日本の**出生率**はこの 50 年間で低下している。
3. 女性は**労働人口**の約半分を占めている。
4. 彼女は 65 歳でその会社を**退職した**。
5. **政府**は，新しい法律を通そうとしている。

キーワードレビュー　⏵ 英文を声に出して読み，意味を言ってみよう。

1. This custom **dates back** to the seventeenth century.
2. It is said that coffee has its **roots** in Africa.
3. Green tea is a **traditional** Japanese drink.
4. The **popularity** of coffee is due to its bitter taste.
5. Many people **rely on** coffee to stay awake.

1. Everyone should have the **opportunity** to get an education.
2. His opinion is based on American **values**.
3. America got its **independence** in 1776.
4. Everyone is **equal** before the law.
5. Individual **liberty** is essential to democracy.

1. **Early** bicycles didn't have chains.
2. The battle was a **turning point** in Japanese history.
3. This temple was built in **ancient** times.
4. Many people have been trying to **improve** society.
5. They traveled by ship before the **appearance** of airplanes.

1. A **global** language is a language used for international communication.
2. TV shows and movies in English are enjoyed **worldwide**.
3. The growth of the **Internet** has been very fast.
4. More and more **non-native** speakers are using English today.
5. English is spoken as a **common** language by many Asians.

1. **Tourism** is the business of providing services for people on vacation.
2. The tourism **industry** brought economic growth to the country.
3. An **explosion** in the number of tourists caused serious problems.
4. New hotels were built to satisfy the **demand** of foreign tourists.
5. Kyoto is a world-famous tourist **destination** in Japan.

1. I suffered from culture shock in **unfamiliar** surroundings.
2. You might feel **frustrated** by such stressful experiences.
3. It took time for me to **adjust** to a new culture.
4. Different cultures have different **customs** and values.
5. What seems **normal** in one country can seem strange in another.

→ 日本語の意味を表す英文を言ってみよう。

---

1. この慣習は 17 世紀まで**さかのぼる。**
2. コーヒーはアフリカにその**起源**を持つといわれる。
3. 緑茶は**伝統的な**日本の飲み物だ。
4. コーヒーの**人気**は，その苦味によるものだ。
5. 多くの人々が，目覚めているために［眠くならないように］コーヒー**に頼る。**

---

1. 誰もが教育を受ける**機会**を持つべきだ。
2. 彼の意見はアメリカ的な**価値観**に基づいている。
3. アメリカは 1776 年に**独立**を手に入れた。
4. 法の前には誰もが**平等で**ある。
5. 個人の**自由**が民主主義には不可欠だ。

---

1. **初期の**自転車にはチェーンがなかった。
2. その闘いは日本の歴史における**転換点**となった。
3. この寺院は**古代**（の時代）に建てられた。
4. 多くの人々が社会を**改善し**ようとしてきた。
5. 彼らは飛行機の**登場**前には船で移動した。

---

1. **世界**言語とは，国際的なコミュニケーションに使われる言語である。
2. 英語のテレビ番組や映画は**世界中で**楽しまれている。
3. **インターネット**の発達はとても急速だった。
4. 今日，ますます多くの**ネイティブでない**話者［**非母語話者**］が英語を使っている。
5. 英語は，多くのアジア人によって**共通語**として話されている。

---

1. **観光業**は，休暇中の人々にサービスを提供するビジネスだ。
2. 観光**産業**は，その国に経済成長をもたらした。
3. 観光客数の**爆発的増大**が深刻な問題を引き起こした。
4. 外国人観光客の**需要**を満たすために，新しいホテルが建てられた。
5. 京都は，世界的に有名な日本の観光**地**［観光の**目的地**］だ。

---

1. 私は**なじみのない**環境の中でカルチャーショックに苦しんだ。
2. あなたはそのようなストレスの多い経験によって**イライラ**するかもしれない。
3. 私は目新しい文化に**順応する**のに時間がかかった。
4. 異なる文化は，異なる**慣習**と価値観を持っている。
5. ある国で**普通**と思われることが，他の国では奇妙に思われることもある。

キーワードレビュー　⊙ 英文を声に出して読み，意味を言ってみよう。

TOPIC 25 | プラスチック汚染 [p.126]

1. Plastic waste is found everywhere in the **environment**.
2. Microplastics are **harmful** to humans as well as animals.
3. We should **recycle** plastic products rather than throwing them away.
4. How can we **solve** the problems of microplastics?
5. We will have to end our **addiction** to plastic.

TOPIC 26 | 温室効果 [p.130]

1. Oil and coal are examples of **fossil fuels**.
2. The greenhouse **effect** causes climate change.
3. Human activities **pollute** the environment heavily.
4. Scientists have warned about global **warming** for years.
5. Think seriously about your **responsibility** to the earth.

TOPIC 27 | 太陽光発電とコスト [p.134]

1. Electricity is **available** almost everywhere in Japan.
2. **Solar power** is becoming cheaper every year.
3. The sun and wind are clean **energy sources**.
4. The sun **provides** a large amount of energy for us.
5. We should reduce the **burden** on the environment.

TOPIC 28 | 都会の鳥と田舎の鳥 [p.140]

1. A recent **study** has shown that birds are very smart.
2. They **conducted** some tests on those birds.
3. The scientists reported their **findings** about animal behavior.
4. It seems that the **researchers** have made a new discovery.
5. Dogs are friendly in **comparison** to cats.

TOPIC 29 | 薬と毒を分けるもの [p.144]

1. A **drug** causes changes in your body or mind.
2. Salt will harm you if you take it in large **amounts**.
3. I looked up the **definition** of the word in my dictionary.
4. Some **poisons** can be useful drugs when used carefully.
5. Everything can be good or bad **depending on** how you use it.

TOPIC 30 | 火星への移住 [p.148]

1. The future of **humanity** is in outer space.
2. Mars is a **planet** similar to Earth.
3. Mars has only a very thin **atmosphere**.
4. All living things need water in order to **survive**.
5. Plants produce **oxygen** in the daytime.

→ 日本語の意味を表す英文を言ってみよう。

---

1. プラスチックごみは**環境**の中のあらゆる場所で見つかる。
2. マイクロプラスチックは動物と同様に人間にも**有害**である。
3. 私たちはプラスチック製品を捨てるよりも**再生利用**［**リサイクル**］**する**べきだ。
4. 私たちはどうすればマイクロプラスチックの問題を**解決する**ことができるか。
5. 私たちはプラスチックへの**過度の依存**を終わらせなければならないだろう。

---

1. 石油や石炭は**化石燃料**の例である。
2. 温室**効果**は気候変動の原因となっている。
3. 人間の活動は環境をひどく**汚染する**。
4. 科学者たちは地球**温暖化**について何年も警告してきた。
5. 地球に対する**責任**について真剣に考えなさい。

---

1. 電気は日本のほとんどどこでも**利用可能**である。
2. **太陽光エネルギー**は毎年，安くなっている。
3. 太陽と風は，クリーンな**エネルギー源**である。
4. 太陽は私たちに大量のエネルギーを**供給してくれる**。
5. 私たちは環境への**負荷**を減らすべきだ。

---

1. 最近の**研究**で，鳥はとても賢いことが明らかになった。
2. 彼らは，それらの鳥にいくつかのテストを**実施した**。
3. 科学者たちは，動物の行動についての**研究結果**を報告した。
4. その**研究者たち**は新発見をしたようだ。
5. ネコと**比較**して，イヌは人なつっこい。

---

1. **薬物**は，あなたの体や心に変化を引き起こす。
2. 塩は大**量**に取るとあなたに害を及ぼすだろう。
3. 私は辞書でその単語の**定義**を調べた。
4. **毒物**は，注意深く使用されれば有用な薬物になりうるものもある。
5. すべてのものは，どう使うか**によって**良くも悪くもなりうる。

---

1. **人類**の未来は宇宙空間にある。
2. 火星は地球に似た**惑星**である。
3. 火星はとても薄い**大気**しか持っていない。
4. すべての生物は**生き延びる**ために水を必要とする。
5. 植物は日中に**酸素**を生産する。